The Kybalion (1908)

Tradução © 2024 by Book One

Todos os direitos de tradução reservados e protegidos pela Lei 9.610 de 19/02/1998. Nenhuma parte desta publicação, sem autorização prévia por escrito da editora, poderá ser reproduzida ou transmitida sejam quais forem os meios empregados: eletrônicos, mecânicos, fotográficos, gravação ou quaisquer outros.

Coordenadora editorial	*Francine C. Silva*
Tradução	*Lina Machado*
Preparação	*Rafael Bisoffi*
Revisão	*Silvia Yumi FK* *Vanessa Omura*
Capa, projeto gráfico e diagramação	*Bárbara Rodrigues*
Impressão	*Pifferprint*

Dados Internacionais de Catalogação na Publicação (CIP)
Angélica Ilacqua CRB-8/7057

T73c	Três Iniciados, 1862–1932
	O Caibalion / Três Iniciados ; tradução Lina Machado. — São Paulo : Excelsior, 2024.
	112 p.
	ISBN 978-65-85849-79-1
	Título original: *The Kybalion*
	1. Ocultismo 2. Filosofia 3. Hermetismo I. Título II. Machado, Lina
24-5182	CDD 135.4

TRÊS INICIADOS

O CAIBALION

São Paulo
2024

EXCELSIOR
BOOK ONE

"Os lábios da sabedoria estão fechados,
exceto aos ouvidos do Entendimento."

A Hermes Trismegisto, conhecido pelos antigos egípcios como
"o três vezes grande" e "mestre dos mestres", este pequeno volume
de ensinamentos herméticos é dedicado reverentemente.

SUMÁRIO

CAPÍTULO I

A FILOSOFIA HERMÉTICA......................15

CAPÍTULO II

OS SETE PRINCÍPIOS HERMÉTICOS.............21

CAPÍTULO III

TRANSMUTAÇÃO MENTAL......................29

CAPÍTULO IV

O TUDO...................................33

CAPÍTULO V

O UNIVERSO MENTAL........................39

CAPÍTULO VI

O PARADOXO DIVINO........................45

CAPÍTULO VII

"O TODO" EM TUDO.........................53

CAPÍTULO VIII

PLANOS DE CORRESPONDÊNCIA..............61

CAPÍTULO IX

VIBRAÇÃO..............71

CAPÍTULO X

POLARIDADE..............77

CAPÍTULO XI

RITMO..............83

CAPÍTULO XII

CAUSALIDADE..............89

CAPÍTULO XIII

GÊNERO..............95

CAPÍTULO XIV

GÊNERO MENTAL..............99

CAPÍTULO XV

AXIOMAS HERMÉTICOS..............107

INTRODUÇÃO

Temos grande prazer em apresentar à atenção dos estudantes e investigadores das Doutrinas Secretas esta pequena obra baseada nos Ensinamentos Herméticos do mundo antigo. Há tão pouco escrito sobre este assunto, não obstante as inúmeras referências às Doutrinas nas muitas obras sobre ocultismo, que os muitos pesquisadores diligentes das Verdades Arcanas, sem dúvida, receberão bem a publicação deste presente volume.

O propósito desta obra não é a enunciação de nenhuma filosofia ou doutrina especial, mas sim fornecer aos estudantes uma comunicação da Verdade que servirá para reconciliar os muitos fragmentos de conhecimento oculto que possam ter adquirido, mas que são aparentemente opostos uns aos outros e que frequentemente servem para desencorajar e indignar o principiante no estudo. Nossa intenção não é erguer um novo Templo do Conhecimento, mas sim entregar nas mãos do estudante uma Chave-Mestra com a qual possa abrir as muitas portas internas no Templo do Mistério em cujos principais portais ele já entrou.

Nenhuma parcela dos ensinamentos ocultos possuídos pelo mundo foi tão bem guardada quanto os fragmentos dos Ensinamentos Herméticos que chegaram até nós ao longo das dezenas de séculos que se passaram desde o período em que viveu seu grande fundador, Hermes Trismegisto, o "escriba dos deuses", que habitou no Antigo Egito nos dias em que a atual raça humana estava em sua infância. Contemporâneo de Abraão e, se as lendas forem verdade, instrutor deste sábio venerável, Hermes foi e é o Grande Sol Central do Ocultismo, cujos raios serviram para iluminar os incontáveis ensinamentos que foram promulgados desde sua época. Todos os ensinamentos fundamentais e básicos inseridos nos ensinamentos esotéricos de cada raça têm suas origens em Hermes. Até mesmo os ensinamentos mais antigos da Índia, sem dúvida, têm suas raízes nas Doutrinas Herméticas originais.

Da terra do Ganges, muitos ocultistas avançados viajaram rumo à terra do Egito e sentaram-se aos pés do Mestre. Dele obtiveram a Chave-Mestra que explicava e reconciliava suas visões divergentes, e, desse modo, a Doutrina Secreta foi solidamente estabelecida. De outras terras também vieram os eruditos; todos consideravam Hermes como o Mestre dos Mestres, e sua influência foi tão grande que, apesar dos muitos desvios do caminho por parte de séculos de professores nessas diferentes terras, ainda pode ser encontrada certa semelhança e correspondência essenciais que fundamentam as muitas, e com frequência divergentes, teorias aceitas e ensinadas pelos ocultistas dessas diferentes terras hoje. O estudante de Religiões Comparadas conseguirá perceber a influência dos Ensinamentos Herméticos em toda religião digna desse nome agora conhecida pela humanidade, seja uma religião morta ou uma em pleno vigor em nossa época. Sempre há certa correspondência, apesar das características contraditórias, e os Ensinamentos Herméticos atuam como o Grande Reconciliador.

A obra da vida de Hermes parece ter se voltado na direção de plantar a grande Semente-Verdade que germinou e desabrochou em tantas formas estranhas, em vez de estabelecer uma escola de filosofia que dominaria o pensamento do mundo. Entretanto, as verdades originais ensinadas por ele foram mantidas intactas em sua pureza original por alguns homens em cada era, que, recusando grande número de estudantes e discípulos semidesenvolvidos, seguiram o costume hermético e reservaram sua verdade para os poucos que estavam preparados para compreendê-la e dominá-la. De lábio a ouvido, a verdade foi transmitida entre poucos. Sempre houve alguns Iniciados em cada geração nos vários territórios da Terra, que mantiveram viva a chama sagrada dos Ensinamentos Herméticos, e estes sempre estiveram dispostos a usar suas lâmpadas para reacender as lâmpadas menores do mundo exterior, quando a luz da verdade se tornou fraca e turva devido à negligência, e quando os pavios ficaram obstruídos com corpos estranhos. Sempre houve alguns para cuidar fielmente do altar da Verdade, sobre o qual era mantida acesa a Lâmpada Perpétua da Sabedoria. Esses homens devotaram suas vidas ao ofício de amor que o poeta tão bem descreveu em seus versos:

"Oh, não permita que a chama se apague! Alimentada era após era em sua caverna escura — em seus templos sagrados preservada. Alimentada por puros ministros de amor — não permita que a chama se apague!"

Esses homens jamais buscaram aprovação popular, nem números de adeptos. São indiferentes a essas coisas, pois sabem quão poucos há em cada geração que estão prontos para a verdade ou que a reconheceriam se ela lhes fosse apresentada. Reservam a "carne forte para os homens", enquanto outros dão o "leite para os bebês". Reservam suas pérolas de sabedoria para os poucos escolhidos que reconhecem seu valor e que as portam em suas coroas, em vez de atirá-las aos vulgares porcos materialistas que as pisoteariam na lama e as misturariam com seu repugnante alimento mental. Contudo, ainda assim, esses homens nunca se esqueceram nem negligenciaram os ensinamentos originais de Hermes a respeito da transmissão das palavras da verdade para aqueles preparados para recebê-las, ensinamento que está expresso n'*O Caibalion* da seguinte forma: "Aonde pousam os passos do Mestre, os ouvidos daqueles prontos para seu Ensinamento se abrem por completo". E também: "Quando os ouvidos do estudante estão prontos para ouvir, então, vêm os lábios para enchê-los de sabedoria". Mas sua atitude habitual sempre esteve estritamente de acordo com outro aforismo hermético, também presente em *O Caibalion*: "Os lábios da Sabedoria estão fechados, exceto para os ouvidos do Entendimento".

Há os que criticaram essa atitude dos hermetistas e alegaram que eles não manifestaram o espírito genuíno em sua política de reclusão e reticência. Todavia, um breve olhar de volta pelas páginas da história revelará a sabedoria dos Mestres, que sabiam da loucura de tentar ensinar ao mundo aquilo que ele não estava pronto ou disposto a aprender. Os hermetistas nunca buscaram ser mártires e, em vez disso, mantiveram-se à parte, calados, com um sorriso de pena em seus lábios fechados, enquanto os "pagãos se enfureciam ruidosamente ao seu redor" em sua diversão costumeira de matar e torturar entusiastas honestos, porém, equivocados que imaginavam que conseguiriam forçar uma raça de bárbaros a aceitar a verdade capaz de ser compreendida apenas pelos eleitos que haviam avançado no Caminho.

E o espírito de perseguição ainda não desapareceu da terra. Há certos Ensinamentos Herméticos, que, caso fossem publicamente promulgados, trariam sobre os professores um grande grito de escárnio e injúria da multidão que mais uma vez gritaria: "Crucifiquem-os! Crucifiquem-os!"

Neste pequeno trabalho, empenhamo-nos para lhes dar uma ideia dos ensinamentos fundamentais de *O Caibalion*, esforçando-nos para lhes fornecer os Princípios operacionais, permitindo que os apliquem por conta própria, em vez de tentar elaborar o ensinamento em detalhes. Caso sejam verdadeiros aprendizes, serão capazes de compreender e aplicar esses Princípios; caso não sejam, então, deverão se desenvolver como tal, pois, de outra forma, os Ensinamentos Herméticos serão apenas "palavras, palavras, palavras".

OS TRÊS INICIADOS

CAPÍTULO I
A FILOSOFIA HERMÉTICA

"Os lábios da sabedoria estão fechados, exceto para os ouvidos do Entendimento." — *O Caibalion*

Foi do Antigo Egito que vieram os ensinamentos esotéricos e ocultistas fundamentais que influenciaram tão intensamente as filosofias de todas as raças, nações e povos por vários milênios. O Egito, lar das Pirâmides e da Esfinge, foi o berço da Sabedoria Oculta e dos Ensinamentos Místicos. Todas as nações tomaram emprestado de sua Doutrina Secreta. Índia, Pérsia, Caldeia, Medéa, China, Japão, Assíria, Antiga Grécia e Roma, e outros países antigos participaram abundantemente do banquete de conhecimentos que os Hierofantes e Mestres da Terra de Ísis tão generosamente ofereciam para aqueles que chegavam preparados para participar da grande reserva de Conhecimentos Místicos e Ocultos que as mentes brilhantes daquela terra antiga haviam reunido.

No Antigo Egito habitavam os grandes Adeptos e Mestres que jamais foram superados, e que raras vezes foram igualados, nos séculos que se desenrolaram em sua procissão desde os dias do Grandioso Hermes. No Egito estava localizada a Grande Loja das Lojas dos Místicos. Nas portas de seus Templos entravam os Neófitos que mais tarde, como Hierofantes, Adeptos e Mestres, viajavam para os quatro cantos da terra, levando consigo o precioso conhecimento que estavam prontos, ansiosos e dispostos a transmitir para aqueles que estavam preparados para recebê-lo. Todos os estudantes do Oculto reconhecem a dívida que têm com esses veneráveis Mestres daquela terra antiga.

No entanto, entre esses grandes Mestres do Egito Antigo habitou um que os Mestres aclamavam como "o Mestre dos Mestres". Esse homem, se de fato era um "homem", habitou no Egito nos dias mais antigos. Ele era conhecido como Hermes Trismegisto. Ele foi o pai da Sabedoria Oculta, o fundador da Astrologia, o descobridor da Alquimia. Os detalhes de sua história de vida estão perdidos na história, devido ao lapso de anos, embora vários dos países antigos o tenham disputado entre si, reivindicando a honra de terem sido seu local de nascimento, ocorrido há milhares de anos. A data de sua permanência no Egito, em sua última encarnação neste planeta, não é conhecida hoje, porém, foi fixada nos primeiros dias das dinastias mais antigas do Egito, muito antes dos dias de Moisés. As melhores autoridades o consideram contemporâneo de Abraão, e algumas das tradições judaicas chegam a afirmar que Abraão adquiriu parte de seu conhecimento místico do próprio Hermes.

Conforme os anos se passaram após sua partida deste plano de existência (a tradição registra que ele viveu trezentos anos na carne), os egípcios deificaram Hermes e tornaram-no um de seus deuses sob o nome de Thoth. Anos mais tarde, o povo da Grécia Antiga também fez dele um de seus muitos deuses, nomeando-o "Hermes, o deus da Sabedoria". Os egípcios reverenciaram sua memória por muitos séculos — sim, dezenas de séculos —, chamando-o de "Escriba dos Deuses" e concedendo a ele, distintamente, seu antigo título, "Trismegisto", que significa "o três vezes grande"; "o grandioso grande"; "o maior entre os grandes"; etc. Em todas as terras antigas, o nome de Hermes Trismegisto era reverenciado, seu nome sendo sinônimo de "Fonte de Sabedoria".

Até hoje, utilizamos o termo "hermético" no sentido de "secreto"; "selado para que nada possa escapar", etc., e isso pelo fato de que os seguidores de Hermes sempre observaram o princípio do segredo em seus ensinamentos. Não acreditavam em "lançar pérolas aos porcos", pelo contrário, apegavam-se ao ensinamento "leite para bebês"; "carne para homens fortes"; ambas as máximas são familiares para leitores das Escrituras Cristãs, porém, ambas já eram usadas pelos egípcios por séculos antes da era cristã.

E essa política de cuidadosa disseminação da verdade sempre caracterizou os hermetistas, até os dias atuais. Os Ensinamentos Herméticos podem ser encontrados em todas as terras, entre todas as religiões, mas nunca são associados a nenhum país em particular, nem a nenhuma seita religiosa específica devido aos avisos dos antigos mestres para que não se permitisse que a Doutrina Secreta se cristalizasse em um credo. A sabedoria desse aviso é óbvia para todos os estudantes de história. O antigo ocultismo da Índia e da Pérsia se degenerou e em grande parte se perdeu, porque os professores se tornaram sacerdotes e, sendo assim, misturaram teologia com filosofia, resultando no desaparecimento gradual do ocultismo da Índia e da Pérsia em meio à massa de superstições religiosas, cultos, credos e "deuses". O mesmo ocorreu com a Grécia e Roma Antiga e também com os Ensinamentos Herméticos dos Gnósticos e dos Primeiros Cristãos, que foram perdidos na época de Constantino, cuja mão de ferro sufocou a filosofia com o manto da teologia, fazendo a Igreja Cristã perder aquilo que era sua verdadeira essência e espírito, e fazendo-a tatear por vários séculos antes de encontrar o caminho de volta à sua antiga fé. Tudo claramente indica, para todos os observadores cuidadosos neste século XX, que a Igreja agora está lutando para retornar aos seus antigos ensinamentos místicos.

Contudo, sempre houve algumas almas fiéis que mantiveram viva a Chama, cuidando dela com zelo e sem permitir que sua luz se extinguisse. E graças a esses corações firmes e mentes destemidas, ainda temos a verdade conosco. Mas a maior parte não é encontrada em livros. Foi transmitida de Mestre para Aprendiz; de Iniciado para Hierofante; de lábio para ouvido. Quando foi escrita, seu significado foi velado com termos de alquimia e astrologia, para que apenas aqueles que possuíssem a chave pudessem lê-la corretamente. Isso foi necessário para evitar as perseguições dos teólogos da Idade Média, que lutaram contra a Doutrina Secreta com fogo e espada; estaca, forca e cruz. Até hoje serão encontrados apenas alguns livros confiáveis sobre a Filosofia Hermética, embora haja inúmeras referências a ela em muitos livros escritos sobre várias fases do Ocultismo. E, no entanto, a Filosofia Hermética é a única Chave Mestra que abrirá todas as portas dos Ensinamentos Ocultos!

Nos primórdios, havia uma compilação de certas Doutrinas Herméticas Básicas, passadas de professor para aluno, que era conhecida como *O Caibalion*; a importância e o sentido exatos do termo se perderam há vários séculos. Este ensinamento, entretanto, é conhecido por muitos a quem foi transmitido de forma oral, sem cessar, ao longo dos séculos. Seus preceitos nunca foram escritos ou impressos, até onde sabemos. Era meramente uma coleção de máximas, axiomas e preceitos incompreensíveis para pessoas de fora, mas que eram imediatamente entendidos pelos aprendizes, depois que os axiomas, máximas e preceitos haviam sido explicados e exemplificados pelos Iniciados Herméticos para seus Neófitos. Esses ensinamentos de fato constituíam os princípios básicos da "Arte da Alquimia Hermética" que, contrário da crença geral, lidava com o domínio das Forças Mentais, em vez dos Elementos Materiais — a Transmutação de um tipo de Vibração Mental em outro, em vez da transformação de um tipo de metal em outro. As lendas sobre a "Pedra Filosofal", que transformaria o metal básico em ouro, eram uma alegoria relacionada à Filosofia Hermética, facilmente compreendida por todos os estudantes do verdadeiro Hermetismo.

Neste pequeno volume, do qual esta é a Primeira Lição, convidamos nossos aprendizes a examinar os Ensinamentos Herméticos, conforme definidos em *O Caibalion* e conforme explicados por nós mesmos, humildes estudantes dos Ensinamentos que, embora tendo o título de Iniciados, ainda somos estudantes aos pés de Hermes, o Mestre. Nós aqui lhes oferecemos muitas das máximas, axiomas e preceitos de *O Caibalion*, acompanhados por explicações e exemplos que, em nosso julgamento, provavelmente tornarão os ensinamentos mais fáceis de compreender pelo aprendiz moderno, em especial porque o texto original é propositalmente velado com termos obscuros.

As máximas, axiomas e preceitos originais de *O Caibalion* estão impressos aqui, em itálico com o devido crédito. Nosso próprio trabalho está impresso da maneira usual, no corpo do texto. Confiamos que os muitos estudantes a quem agora oferecemos este pequeno trabalho obterão tanto benefício do estudo de suas páginas quanto os muitos que vieram antes, trilhando o mesmo Caminho rumo à Maestria ao longo dos séculos que se passaram desde os tempos de Hermes Trismegisto, o Mestre dos Mestres, o Três Vezes-Grande. Nas palavras de "*O Caibalion*":

> "Aonde pousam os passos do Mestre, os ouvidos daqueles prontos para seus Ensinamentos se abrem."

"Quando os ouvidos do estudante estão prontos para ouvir, então, vêm os lábios para enchê-los de Sabedoria."

De modo que, conforme os Ensinamentos, a passagem deste livro para aqueles preparados para a instrução atrairá a atenção daqueles que estão prontos para receber o Ensinamento. E, da mesma forma, quando o aprendiz estiver preparado para receber a verdade, então este pequeno livro virá a ele, ou ela.

Tal é a Lei. O Princípio Hermético da Causa e Efeito, em seu aspecto de Lei da Atração, unirá lábios e ouvidos; pupilo e livro estarão juntos. Que assim seja!

CAPÍTULO II
OS SETE PRINCÍPIOS HERMÉTICOS

"Os Princípios da Verdade são Sete; aquele que os conhece e compreende, possui a Chave Mágica diante da qual todas as Portas do Templo se abrem." — *O Caibalion*

Os Sete Princípios Herméticos nos quais se baseia toda a Filosofia Hermética são os seguintes:

1. O Princípio do Mentalismo
2. O Princípio da Correspondência
3. O Princípio da Vibração
4. O Princípio da Polaridade
5. O Princípio do Ritmo
6. O Princípio da Causa e Efeito
7. O Princípio do Gênero

Esses Sete Princípios serão debatidos e explicados à medida que prosseguirmos com essas lições. Uma breve explicação de cada um, no entanto, vale muito bem ser dada neste ponto.

1. O Princípio do Mentalismo

"O todo é mente; o Universo é Mental." — *O Caibalion*

Este Princípio incorpora a verdade de que "Tudo é Mente". Explica que o todo (que é a Realidade Substancial subjacente a todas as manifestações e aparências externas que conhecemos sob os termos de "Universo Material", "Fenômenos da Vida"; "Matéria", "Energia" e, em suma, tudo o que é aparente aos nossos sentidos materiais) é espírito que em si mesmo é incognoscível e indefinível, mas que pode ser considerado como uma mente universal, infinita e viva. Também explica que todo o mundo fenomenal ou universo é simplesmente uma Criação Mental do todo, sujeito às Leis das Coisas Criadas, e que o universo, como um todo, e em suas partes ou unidades, tem sua existência na Mente do todo, em cuja Mente nós "vivemos, nos movemos e existimos". Este Princípio, ao estabelecer a Natureza Mental do Universo, explica com facilidade todos os diversos fenômenos mentais e psíquicos que ocupam uma parcela tão grande da atenção pública e que, sem tal explicação, são incompreensíveis e desafiam a análise científica. Uma compreensão deste grande Princípio Hermético do Mentalismo permite ao indivíduo compreender de imediato as leis do Universo Mental e aplicá-las ao próprio bem-estar e progresso. O Aprendiz Hermético é capaz de aplicar com inteligência as grandes Leis Mentais, em vez de usá-las de forma aleatória. Estando de posse da Chave-Mestra, o estudante poderá destrancar as muitas portas do templo mental e psíquico do conhecimento, e adentrar nele com liberdade e inteligência. Este Princípio explica a verdadeira natureza da "Energia", "Poder" e "Matéria", e por que e como todos estes são subordinados à Maestria da Mente. Um dos antigos Mestres Herméticos escreveu, há muito tempo: "Aquele que compreende a verdade da Natureza Mental do Universo está bem avançado no Caminho rumo à Maestria.". E estas palavras são tão verdadeiras hoje quanto na época em que foram escritas pela primeira vez. Sem esta Chave-Mestra, a Maestria é impossível, e o estudante bate em vão nas muitas portas do Templo.

2. O Princípio da Correspondência

"Assim é acima, como é abaixo; assim é abaixo, como é acima."
— *O Caibalion*

Este Princípio contém a verdade de que sempre há uma Correspondência entre as leis e fenômenos dos vários planos do Ser e da Vida. O antigo axioma hermético dizia dessa forma: "Assim é acima, como é abaixo; assim é abaixo, como é acima". E a compreensão deste Princípio dá à pessoa os meios de resolver muitos paradoxos obscuros e segredos ocultos da Natureza. Existem planos além do nosso conhecimento, mas quando aplicamos o Princípio da Correspondência a eles, somos capazes de entender muita coisa que, de outra maneira, seria impossível entendermos. Este Princípio é de aplicação e manifestação universal nos vários planos do universo material, mental e espiritual; é uma Lei Universal. Os antigos hermetistas consideravam este Princípio como um dos instrumentos mentais mais importantes pelos quais o homem era capaz de afastar os obstáculos que escondiam o Desconhecido à vista. Seu uso até mesmo rasgou o Véu de Ísis a ponto de um vislumbre do rosto da deusa poder ser visto. Tal como o conhecimento dos Princípios da Geometria permite ao homem medir sóis distantes e seus movimentos, sentado em seu observatório, o conhecimento do Princípio da Correspondência permite ao homem raciocinar com inteligência partindo do Conhecido para o Desconhecido. Estudando a mônada, ele compreende o arcanjo.

3. O Princípio da Vibração

"Nada está imóvel; tudo se move; tudo vibra." — *O Caibalion*

Este Princípio engloba a verdade de que "tudo está em movimento"; "tudo vibra"; "nada está imóvel"; fatos que a Ciência Moderna endossa, e que cada nova descoberta científica tende a verificar. Não obstante, este Princípio Hermético foi enunciado há milhares de anos pelos Mestres do Antigo Egito. Este Princípio explica que as diferenças entre diversas manifestações de Matéria, Energia, Mente e até Espírito, resultam em grande parte de taxas variáveis de Vibração. Do TODO, que é Espírito Puro, até a forma mais grosseira de Matéria, tudo está vibrando — quanto maior a vibração, maior a posição na escala. A vibração do Espírito está em uma taxa tão infinita de intensidade e velocidade que está praticamente em repouso, da mesma forma que uma roda que se move rapidamente parece estar imóvel. E, na outra extremidade da escala, há formas grosseiras de matéria cujas vibrações são tão baixas que parecem estar em repouso. Entre esses polos, há milhões e milhões de graus variados de vibração. Desde o corpúsculo e o elétron, o átomo e a molécula, até os mundos e universos, tudo está em movimento vibratório.

Isto também é verdade nos planos da energia e força (que são apenas graus variados de vibração); e também nos planos mentais (cujos estados dependem de vibrações); e até mesmo nos planos espirituais. Uma compreensão deste Princípio, com as fórmulas apropriadas, permite aos estudantes herméticos controlar suas próprias vibrações mentais, bem como as dos outros. Os Mestres também aplicam este Princípio ao domínio de fenômenos naturais, de várias maneiras. "Aquele que compreende o Princípio da Vibração, obteve o cetro do poder", declara um dos antigos escritores.

4. O Princípio da Polaridade

> "Tudo é Dual; tudo tem polos; tudo tem seu par de opostos; igual e desigual são a mesma coisa; os opostos são idênticos em natureza, mas diferentes em grau; os extremos se encontram; todas as verdades são apenas meias verdades; todos os paradoxos podem ser reconciliados." — *O Caibalion*

Este Princípio encerra a verdade de que "tudo é dual"; "tudo tem dois polos"; "tudo tem seu par de opostos", todos os quais eram antigos axiomas herméticos. Explica os antigos paradoxos, que deixaram tantos perplexos, e que foram declarados da seguinte forma: "Tese e antítese são idênticas em natureza, mas diferentes em grau"; "os opostos são a mesma coisa, diferindo apenas em grau"; "os pares de opostos podem ser reconciliados"; "os extremos se encontram"; "tudo é e não é, ao mesmo tempo"; "todas as verdades são apenas meias verdades"; "toda verdade é meio falsa"; "há dois lados em tudo", etc. etc. Explica que em tudo existem dois polos, ou aspectos opostos, e que os "opostos" são na verdade apenas dois extremos da mesma coisa, com muitos graus variados entre eles. Por exemplo: Calor e Frio, embora "opostos", são de fato a mesma coisa, as diferenças consistindo meramente em graus da mesma coisa. Chequem seu termômetro e vejam se conseguem descobrir onde termina o "calor" e começa o "frio"! Não existe o "calor absoluto" ou o "frio absoluto" — os dois termos "calor" e "frio" apenas indicam graus variados da mesma coisa, e essa "mesma coisa" que se manifesta como "calor" e "frio" é meramente uma forma, variedade e índice de Vibração. Portanto, "calor" e "frio" são apenas os "dois polos" daquilo que chamamos de "Calor" — e os fenômenos que os acompanham são manifestações do Princípio da Polaridade.

O mesmo Princípio se manifesta no caso de "Luz e Escuridão", que são a mesma coisa, a diferença consistindo em graus variados entre os dois polos dos fenômenos. Onde termina a "escuridão" e começa a "luz"? Qual é a diferença entre "Grande e Pequeno"? Entre "Duro e Macio"? Entre "Preto e Branco"? Entre "Afiado e Embotado"? Entre "Barulho e Silêncio"? Entre "Alto e Baixo"? Entre "Positivo e Negativo"?

O Princípio da Polaridade explica esses paradoxos, e nenhum outro Princípio pode substituí-lo. O mesmo Princípio opera no Plano Mental. Consideremos um exemplo radical e extremo: o de "Amor e Ódio", dois estados mentais ao que parece totalmente diferentes. E, ainda assim, há graus de Ódio e graus de Amor, e um ponto médio no qual usamos os termos "Prezar ou Desprezar", que se misturam tão gradualmente que às vezes não temos certeza se "prezamos" ou "desprezamos" ou "nenhum dos dois". E todos são somente graus da mesma coisa, como perceberão, se refletirem um pouco. E, além disso (e considerado mais importante pelos Hermetistas), é possível mudar vibrações de Ódio para vibrações de Amor, na própria mente e na mente dos outros.

Muitos de vocês, leitores, tiveram experiências pessoais da transição involuntária e rápida do Amor para o Ódio, e o inverso, em seu próprio caso e no de outras pessoas. E, portanto, perceberão a possibilidade de isso ser realizado pelo uso da Vontade, por meio das fórmulas herméticas. "Bem e Mal" são apenas os polos da mesma coisa, e o hermetista entende a arte de transmutar o Mal em Bem, por meio de uma aplicação do Princípio da Polaridade. Em suma, a "Arte da Polarização" se torna uma fase da "Alquimia Mental" conhecida e praticada pelos antigos e modernos Mestres Herméticos. Uma compreensão do Princípio permitirá que uma pessoa mude a própria Polaridade, bem como a dos outros, caso dedique o tempo e o estudo necessários para dominar a arte.

5. O Princípio do Ritmo

"Tudo flui, indo e vindo; tudo tem suas marés; todas as coisas sobem e descem; a oscilação do pêndulo se manifesta em tudo; a distância do balanço para a direita é a distância do balanço para a esquerda; o ritmo compensa." — *O Caibalion*

Este Princípio incorpora a verdade de que em tudo se manifesta um movimento cadenciado, para frente e para trás; um fluxo e refluxo; um balanço para trás e para frente; um movimento semelhante a um pêndulo; uma vazante e uma cheia semelhante a uma maré; uma maré alta e uma maré baixa; entre os dois polos que existem de acordo com o Princípio da Polaridade descrito previamente. Há sempre uma ação e uma reação; um avanço e um recuo; uma ascensão e uma submersão.

Isto é parte dos esquemas do Universo, sóis, mundos, homens, animais, mente, energia e matéria. Esta lei se manifesta na criação e destruição de mundos; na ascensão e queda de nações; na vida de todas as coisas; e, finalmente, nos estados mentais do Ser Humano (e é por este último que os Hermetistas consideram a compreensão do Princípio mais importante). Os Hermetistas compreenderam este Princípio, descobrindo sua aplicação universal, e descobriram também certos meios para superar seus efeitos em si próprios por meio do uso de fórmulas e métodos apropriados. Eles aplicam a Lei Mental da Neutralização. Não podem anular o Princípio, ou fazer com que cesse sua operação, porém, aprenderam como escapar de seus efeitos sobre si mesmos até certo ponto, dependendo da Maestria do Princípio. Aprenderam como *usá-lo*, em vez de serem *usados* por ele.

É neste e em métodos semelhantes que consiste a Arte dos Hermetistas. O Mestre dos Hermetistas polariza-se no ponto em que deseja estar e, em seguida, neutraliza o balanço rítmico do pêndulo que tenderia a levá-lo ao outro polo. Todos os indivíduos que atingiram algum grau de Autodomínio fazem isso até certo ponto, de forma mais ou menos inconsciente, porém, o Mestre o faz conscientemente, e pelo uso de sua Vontade, e atinge um grau de Equilíbrio e Firmeza Mental quase inacreditável por parte das massas que são sacudidas de um lado para o outro feito um pêndulo. Este Princípio e o da Polaridade foram intensamente estudados pelos Hermetistas, e os métodos para contrabalançá-los, neutralizá-los e *utilizá-los* formam uma parte importante da Alquimia Mental Hermética.

6. O Princípio da Causa e Efeito

"Toda Causa tem seu Efeito; todo Efeito tem sua Causa; tudo acontece conforme a Lei; o Acaso é apenas um nome dado para uma Lei não reconhecida; há muitos planos de causalidade, mas nada escapa à Lei." — *O Caibalion*

Este Princípio engloba o fato de que há uma Causa para cada Efeito; um Efeito resultante de cada Causa. Ele explica que: "tudo acontece conforme a Lei"; que nada "simplesmente acontece"; que o Acaso não existe; que embora existam vários planos de Causa e Efeito, o superior dominando os inferiores; ainda assim nada escapa inteiramente à Lei. Os Hermetistas compreendem a arte e os métodos de se elevar acima do plano comum de Causa e Efeito, até certo ponto, e ao se elevarem mentalmente a um plano superior, tornam-se Causadores em vez de Efeitos.

As multidões são carregadas adiante, obedientes ao ambiente, às vontades e desejos de outros mais fortes do que elas; a hereditariedade, a sugestão e outras causas externas movem-nas como peões no Tabuleiro de Xadrez da Vida. Em contrapartida, os Mestres, ascendendo ao plano superior, dominam seu temperamento, seu caráter, suas qualidades e seus poderes, bem como o ambiente que os cerca, e se tornam Impulsionadores em vez de peões. Eles ajudam a jogar o jogo da vida, em vez de serem jogados e movidos por outras vontades e ambientes. Eles utilizam o Princípio em vez de serem suas ferramentas. Os Mestres obedecem à Causalidade dos planos superiores, mas ajudam a governar em seu próprio plano. Nesta declaração, uma riqueza de conhecimento hermético está condensada — que aquele que for capaz compreenda.

7. O Princípio do Gênero

"O gênero está em tudo; tudo tem seus Princípios Masculino e Feminino; o gênero se manifesta em todos os planos." — *O Caibalion*

Este Princípio incorpora a verdade de que o gênero está presente em tudo — os Princípios Masculino e Feminino estão sempre em ação. Isto é verdade não apenas no Plano Físico, mas nos Planos Mental e até Espiritual. No Plano Físico, o Princípio se manifesta como sexo, nos planos superiores, ele assume formas superiores, porém, o Princípio é sempre o mesmo. Nenhuma criação, física, mental ou espiritual, é possível sem este Princípio. Uma compreensão de suas leis lançará luz sobre muitos assuntos que têm deixado as mentes humanas perplexas.

O Princípio do Gênero sempre opera voltado para a geração, regeneração e criação. Todas as coisas e todas as pessoas contêm os dois Elementos ou Princípios, ou este grande Princípio, dentro de si. Cada coisa Masculina tem o Elemento Feminino também; cada coisa Feminina contém também o Princípio Masculino.

Quem quiser compreender a filosofia da Criação Mental e Espiritual, da Geração e Regeneração, deverá compreender e estudar este Princípio Hermético. Ele contém a solução de muitos mistérios da Vida. Advertimos que este Princípio não está relacionado às muitas teorias, ensinamentos e práticas lascivas, perniciosas e degradantes que são ensinadas sob títulos fantasiosos e que são uma prostituição do grande princípio natural do Gênero. Esses revivais vis das antigas formas infames do Falicismo tendem a arruinar a mente, o corpo e a alma, e a Filosofia Hermética sempre soou a nota de advertência contra esses ensinamentos degenerados que tendem à luxúria, libertinagem e perversão dos princípios da Natureza. Quem busca tais ensinamentos, deve ir a outro lugar para encontrá-los — o Hermetismo não contém nada que lhe sirva ao longo dessas linhas. Para quem é puro, todas as coisas são puras; para o infame, todas as coisas são infames.

CAPÍTULO III
TRANSMUTAÇÃO MENTAL

"A mente (assim como os metais e elementos) pode ser transmutada, de estado a estado; de grau a grau; de condição a condição; de polo a polo; de vibração a vibração. A verdadeira Transmutação Hermética é uma Arte Mental." — *O Caibalion*

Como afirmamos anteriormente, os hermetistas foram os primeiros alquimistas, astrólogos e psicólogos, tendo sido Hermes o fundador dessas escolas de pensamento. Da astrologia desenvolveu-se a astronomia moderna; da alquimia desenvolveu-se a química moderna; da psicologia mística desenvolveu-se a psicologia moderna das escolas. Todavia, não se deve supor que os antigos ignoravam o que as escolas modernas supõem ser sua propriedade exclusiva e especial. Os registros gravados nas pedras do Antigo Egito mostram conclusivamente que os antigos tinham um conhecimento completo e abrangente da astronomia, a própria construção das Pirâmides revela a conexão entre seu projeto e o estudo da ciência astronômica. Tampouco ignoravam a Química, pois os fragmentos dos escritos antigos mostram que estavam familiarizados com as propriedades químicas das coisas; de fato, as teorias antigas sobre a física estão sendo pouco a pouco confirmadas pelas últimas descobertas da ciência moderna, sobretudo as relacionadas à constituição da matéria.

Também não se deve supor que ignorassem as chamadas descobertas modernas da psicologia — pelo contrário, os egípcios eram especialmente hábeis na ciência da Psicologia, em especial, nos ramos que as escolas modernas ignoram, mas que, no entanto, têm sido descobertos sob o nome de "ciência psíquica", que deixa os psicólogos atuais perplexos e que os leva a admitir relutantemente que "pode haver algo real nisso, afinal de contas".

A verdade é que, abaixo da química material, astronomia e psicologia (isto é, a psicologia em sua fase de "ação cerebral"), os antigos possuíam um conhecimento de astronomia transcendental, chamada astrologia; de química transcendental, chamada alquimia; de psicologia transcendental, chamada psicologia mística. Possuíam o Conhecimento Interior, bem como o Conhecimento Exterior, sendo este segundo o único possuído pelos cientistas modernos. Entre os muitos ramos secretos de conhecimento possuídos pelos Hermetistas, estava aquele conhecido como Transmutação Mental, que constitui o tema desta lição.

"Transmutação" é um termo geralmente empregado para designar a antiga arte da transmutação de metais — em particular, dos metais comuns em ouro. A palavra "transmutar" significa "mudar de uma natureza, forma ou substância para outra; transformar" (Webster). E, por conseguinte, "Transmutação Mental" significa a arte de mudar e transformar estados, formas e condições mentais em outros. Portanto, pode-se ver que a Transmutação Mental é a "Arte da Química Mental", se o termo soar melhor, uma forma de Psicologia Mística prática.

Isto, entretanto, significa muito mais do que aparenta na superfície. Transmutação, Alquimia ou Química no Plano Mental são bastante importantes em seus efeitos, com certeza, e se a arte parasse por aí, ainda seria um dos ramos de estudo mais importantes conhecidos pelo homem. Mas isso é apenas o começo. Vejamos por quê!

O primeiro dos Sete Princípios Herméticos é o Princípio do Mentalismo, cujo axioma é "O todo é Mente; o Universo é Mental", o que significa que a Realidade Subjacente do Universo é Mente; e o próprio Universo é Mental — isto é, "existe na Mente do todo". Consideraremos este Princípio nas próximas lições, mas analisemos o efeito do princípio caso seja aceito como verdadeiro.

Se o Universo é Mental em sua natureza, então a Transmutação Mental deve ser a arte de mudar as condições do universo, em relação à Matéria, à Força e à Mente. Assim, portanto, compreende-se que a Transmutação Mental é na verdade a "Magia" da qual os antigos escritores tinham tanto a dizer em suas obras místicas e sobre a qual deram tão poucas instruções práticas. Se Tudo é Mental, então a arte que permite a alguém transmutar as condições mentais deve tornar o Mestre o controlador das condições materiais, bem como daquelas comumente chamadas de "mentais".

Na verdade, ninguém além de Alquimistas Mentais avançados foi capaz de alcançar o grau de poder necessário para controlar as condições físicas mais grosseiras, tais como o controle dos elementos da Natureza: a produção ou cessação de tempestades; a produção e cessação de terremotos e outros grandes fenômenos físicos. Mas que tais pessoas tenham existido, e existam ainda hoje, é uma questão de crença séria para todos os ocultistas avançados de todas as escolas. Que os Mestres existem e que têm esses poderes, os melhores professores asseguram a seus aprendizes, tendo tido experiências que justificam tais crenças e declarações. Esses Mestres não fazem exibições públicas de seus poderes, mas buscam isolamento das multidões, a fim de melhor trabalhar em sua jornada pelo Caminho da Realização. Mencionamos sua existência, neste ponto, apenas para chamar sua atenção para o fato de que seu poder é inteiramente Mental, e opera seguindo as linhas da Transmutação Mental mais elevada, segundo o Princípio Hermético do Mentalismo.

"O Universo é Mental" — *O Caibalion*

Mas aprendizes e Hermetistas de grau inferior ao de Mestre — os Iniciados e Professores — são capazes de trabalhar livremente no Plano Mental, na Transmutação Mental. Com efeito, tudo o que chamamos de "fenômenos psíquicos", "influência mental", "ciência mental", "fenômenos de novo pensamento" etc., funcionam segundo as mesmas regras gerais, pois há apenas um princípio envolvido, não importa por qual nome os fenômenos sejam chamados.

O aprendiz e praticante da Transmutação Mental trabalha no Plano Mental, transmutando condições mentais, estados etc., em outros, seguindo várias fórmulas, mais ou menos eficazes. Os vários "tratamentos", "afirmações", "negações" etc., das escolas de ciência mental são apenas fórmulas, com frequência bastante imperfeitas e não científicas, da Arte Hermética. A maioria dos praticantes modernos é muito ignorante em comparação com os antigos mestres, pois lhes falta o conhecimento fundamental no qual o trabalho é baseado.

Não apenas é possível alterar ou transmutar os próprios estados mentais etc., através dos Métodos Herméticos; mas também é possível transmutar os estados dos outros da mesma forma, e constantemente são, em geral inconscientemente, mas muitas vezes de forma consciente por alguns que entendem as leis e princípios, em casos em que as pessoas afetadas não sabem dos princípios de autoproteção. E além disso, como muitos aprendizes e praticantes da ciência mental moderna sabem, toda condição material dependendo das mentes de outras pessoas pode ser alterada ou transmutada conforme o desejo sincero, vontade e "tratamentos" da pessoa que deseja condições de vida alteradas. O público está em geral tão informado sobre essas coisas atualmente, que não julgamos necessário mencioná-las em detalhes, nosso propósito neste momento é apenas demonstrar o Princípio Hermético e a Arte subjacentes a todas essas várias formas de práticas, boas e más, pois a força pode ser usada em direções opostas de acordo com os Princípios Herméticos da Polaridade.

Neste pequeno livro, apresentaremos os princípios básicos da Transmutação Mental, para que todos que leiam possam compreender os Princípios Subjacentes e, dessa maneira, possuir a Chave Mestra que abrirá as muitas portas do Princípio da Polaridade.

Procederemos agora a uma consideração do primeiro dos Sete Princípios Herméticos: o Princípio do Mentalismo, no qual é explicada a verdade de que "O todo é Mente; o Universo é Mental", nas palavras de *O Caibalion*. Pedimos muita atenção e estudo cuidadoso deste grande Princípio, por parte de nossos aprendizes, pois ele é de fato o Princípio Básico de toda a Filosofia Hermética e da Arte Hermética da Transmutação Mental.

CAPÍTULO IV
O TUDO

"Sob e por trás do Universo do Tempo, do Espaço e da Mudança, sempre será encontrada a Realidade Substancial — a Verdade Fundamental." — *O Caibalion*

"Substância" significa:"aquilo que fundamenta todas as manifestações externas; a essência; a realidade essencial; a coisa em si" etc."Substancial" significa:"que tem existência concreta; que é o elemento essencial; que é real" etc."Realidade" significa:"o estado de ser real; verdadeiro, duradouro; válido; fixo; permanente; concreto" etc.

Sob e por trás de todas as aparências ou manifestações externas, deve sempre existir uma Realidade Substancial. Esta é a Lei. O ser humano, ao considerar o Universo, do qual ele é uma unidade, não vê nada além de mudança na matéria, forças e estados mentais. Vê que nada realmente é, mas que tudo está se tornando e mudando. Nada fica parado, tudo está nascendo, crescendo, morrendo. No exato instante em que algo atinge seu auge, começa a declinar — a lei do ritmo atua constantemente — não há realidade, qualidade duradoura, imutabilidade ou substancialidade em nada — nada é permanente, exceto a Mudança. Observa todas as coisas evoluindo a partir de outras coisas e se transformando em outras coisas — ação e reação constantes; entrada e saída; construção e demolição; criação e destruição; nascimento, crescimento e morte. Nada perdura, exceto a Mudança. E se for uma pessoa que reflete, percebe que todas essas coisas mutáveis devem ser apenas aparências ou manifestações externas de algum Poder Subjacente — alguma Realidade Substancial.

Todos os pensadores, em todas as terras e em todos as épocas, compreenderam a necessidade de postular a existência desta Realidade Substancial. Todas as filosofias dignas deste nome basearam-se nessa ideia.

As pessoas deram a esta Realidade Substancial diversos nomes; alguns a chamaram pelo termo de Divindade (sob muitos títulos). Outros a chamaram de "A Energia Infinita e Eterna", outros tentaram chamá-la de "Matéria" — mas todos reconheceram sua existência. É evidente por si só, não precisa de argumento.

Nestas lições seguimos o exemplo de alguns dos maiores pensadores do mundo, tanto antigos quanto modernos, os Mestres Herméticos, e chamamos este Poder Subjacente, esta Realidade Substancial, pelo nome hermético de "o todo", termo que consideramos o mais abrangente dos muitos termos aplicados pelo homem àquilo que transcende nomes e termos.

Aceitamos e ensinamos a visão dos grandes pensadores herméticos de todos os tempos, bem como das almas iluminadas que alcançaram planos superiores de existência, ambos afirmam que a natureza interna do todo é incognoscível. Deve ser assim, pois nada, exceto o todo em si, é capaz de compreender sua própria natureza e ser.

Os hermetistas acreditam e ensinam que o todo, "em si mesmo", é e deve ser sempre incognoscível. Consideram que todas as teorias, palpites e especulações dos teólogos e metafísicos a respeito da natureza interna do todo, são apenas os esforços pueris das mentes mortais para compreender o segredo do Infinito. Tais esforços sempre falharam e sempre falharão, devido à própria natureza da tarefa. Alguém que se envolve em tais investigações dá voltas e mais voltas pelo labirinto do pensamento, até que se perde em todo raciocínio, ação ou conduta sã, e torna-se totalmente inadequado para o trabalho da vida. É como o esquilo que corre freneticamente na roda de exercícios em sua gaiola, movendo-se sempre e, ainda assim, sem chegar a lugar nenhum — no fim das contas, ainda um prisioneiro, parado exatamente onde começou.

E ainda mais presunçosos são aqueles que tentam atribuir AO TODO a personalidade, as qualidades, propriedades, características e os atributos de si mesmos, atribuindo ao todo as emoções, sentimentos e características humanas, até mesmo as qualidades mais mesquinhas da humanidade, como ciúme, suscetibilidade à bajulação e elogios, desejo por oferendas e adoração, e tudo o que sobreviveu dos dias da infância da nossa espécie. Tais ideias não são dignas de homens e mulheres adultos, e estão sendo rapidamente descartadas.

(Neste ponto, pode ser apropriado que eu declare que fazemos uma distinção entre Religião e Teologia — entre Filosofia e Metafísica. Religião, para nós, significa o conhecimento intuitivo da existência DO TODO, e o relacionamento de alguém com ele; enquanto Teologia significa as tentativas humanas de atribuir personalidade, qualidades e características a ele; suas teorias sobre seus negócios, vontades, desejos, planos e desígnios, e sua suposição sobre o ofício de "intermediários" entre o todo e as pessoas. Filosofia, para nós, significa a investigação em busca do conhecimento de coisas cognoscíveis e pensáveis; enquanto Metafísica refere-se à tentativa de estender a investigação além dos limites e para regiões incognoscíveis e impensáveis, e com a mesma tendência da Teologia. E, por consequência, tanto Religião quanto Filosofia significam para nós coisas que têm raízes na Realidade, enquanto Teologia e Metafísica parecem juncos quebrados, enraizados nas areias movediças da ignorância, e que não fornecem nada além do apoio mais inseguro para a mente ou a alma humana. Não insistimos para que nossos aprendizes aceitem estas definições; nós as mencionamos apenas para indicar nossa posição. De qualquer forma, muito pouco será dito sobre Teologia e Metafísica nessas lições.)

Mas enquanto a natureza essencial DO TODO é Incognoscível, há certas verdades conectadas à sua existência que a mente humana se vê compelida a aceitar. E um exame desses relatos forma um tema apropriado para investigação, em especial porque concordam com os relatos dos Iluminados em planos superiores. E lhes convidamos para essa investigação agora.

> "aquilo que é a Verdade Fundamental — a Realidade Substancial — está além de qualquer denominação verdadeira, mas os Sábios a chamam de o todo." — *O Caibalion*

> "Em sua Essência, o todo é incognoscível." — *O Caibalion*

> "Mas o relato da Razão deve ser recebido com hospitalidade e tratado com respeito." — *O Caibalion*

A razão humana, cujos relatos devemos aceitar enquanto formos capazes de pensar, nos informa o seguinte sobre O TODO, e isso sem tentar remover o véu do Incognoscível:

(1) o TODO deve ser tudo que de fato é. Não pode haver nada que exista fora DO TODO, pois senão o TODO não seria o TODO.

(2) o TODO deve ser infinito, pois não há nada mais que defina, confine, contenha, limite ou restrinja o TODO. Deve ser Infinito no Tempo, ou eterno— deve ter existido sempre continuamente, pois não há nada mais que possa tê-lo criado, e coisa alguma pode surgir a partir do nada, e se alguma vez tivesse "não existido", mesmo que por um momento, não "existiria" agora; deve existir continuamente para sempre, pois não há nada capaz de destruí-lo, e nunca pode "não existir", nem mesmo por um momento, porque algo nunca pode se tornar nada. Deve ser Infinito no Espaço, deve estar em Todo Lugar, pois não há lugar fora DO TODO; não pode ser de outra forma senão contínuo no Espaço, sem quebra, suspensão, separação ou interrupção, pois não há nada que quebre, separe ou interrompa sua continuidade, e nada com o que "preencher as lacunas". Deve ser Infinito em Poder, ou Absoluto, pois não há nada que o limite, restrinja, reprima, confine, perturbe ou condicione — ele não está sujeito a nenhum outro Poder, pois não há outro Poder.

(3) o TODO deve ser imutável ou não sujeito a mudanças em sua natureza real, pois não há nada que opere mudanças sobre ele, nada em que pudesse se tornar, nem a partir do qual pudesse ser mudado. Não pode sofrer acréscimo nem subtração; aumento nem diminuição; nem se tornar maior ou menor em qualquer aspecto que seja. Deve ter sido sempre, e deve sempre permanecer, exatamente o que é agora — o TODO — nunca houve, não há agora, e nunca haverá qualquer outra coisa em que possa se transformar.

Sendo o todo Infinito, Absoluto, Eterno e Imutável, deve-se concluir que qualquer coisa finita, mutável, passageira e condicionada não pode ser o TODO. E como não há Nada fora DO TODO, na Realidade, então todas e quaisquer dessas coisas finitas devem ser como Nada na Realidade. Agora, não fiquem confusos, nem assustados, não estamos tentando conduzi--los ao campo da Ciência Cristã sob o disfarce da Filosofia Hermética.

Há uma Reconciliação nessa conjuntura aparentemente contraditória. Tenham paciência, nós a alcançaremos no momento oportuno.

Vemos ao nosso redor aquilo que é chamado de "Matéria", que forma a base física para todas as formas. O TODO é meramente Matéria? De forma alguma! A Matéria não pode manifestar Vida nem Mente, e como Vida e Mente são manifestadas no Universo, o todo não pode ser Matéria, pois nada se eleva mais alto do que sua própria fonte — nada jamais se manifesta em um efeito que não esteja na causa — nada evolui como uma consequência que não esteja envolvido como um antecedente. E a Ciência Moderna nos informa que não existe de fato algo que seja Matéria — que aquilo que chamamos de Matéria não é nada além "energia ou força interrompida", isto é, energia ou força em baixo nível de vibração. Como um escritor recente disse "A Matéria desfez-se em Mistério". Até mesmo a Ciência Material abandonou a teoria da Matéria e agora repousa sobre a base da "Energia".

Quer dizer então que o TODO é mera Energia ou Força? Não Energia nem Força como os materialistas utilizam os termos, pois sua energia e força são coisas cegas, mecânicas, desprovidas de Vida ou Mente. Vida e Mente nunca podem evoluir de Energia ou Força cegas, pela razão dada há pouco:

"Nada pode elevar-se mais alto que sua fonte; nada evolui a menos que esteja envolvido; nada se manifesta no efeito, a menos que esteja na causa.

E, desse modo, o todo não pode ser mera Energia ou Força, pois, caso fosse, não existiriam coisas como Vida e Mente, e sabemos que não é assim, pois estamos Vivos e usamos a Mente para considerar essa mesma questão, da mesma forma como aqueles que afirmam que Tudo é Energia e Força.

O que há de superior à Matéria ou Energia cuja existência conhecemos no Universo? Vida e Mente! Vida e Mente em todos os seus vários graus de desdobramento! "Quer dizer então", perguntam, "que o TODO é vida e mente?" Sim! e Não! é nossa resposta. Caso se refira à Vida e à Mente da maneira que nós, pobres mortais insignificantes, as conhecemos, declaramos: Não! o todo não é isso! "Mas a que tipo de Vida e Mente se referem?" perguntam.

A resposta é à "MENTE VIVA", tão acima daquilo que os mortais conhecem por essas palavras, assim como a Vida e a Mente são mais elevadas que as forças mecânicas ou a matéria — MENTE VIVA INFINITA, em comparação com "Vida e Mente" finitas. Referimo-nos àquilo a que as almas iluminadas se referem quando pronunciam reverentemente a palavra: "ESPÍRITO"!

"O TODO" é a Mente Viva Infinita — os Iluminados a chamam de ESPÍRITO!

CAPÍTULO V
O UNIVERSO MENTAL

"O Universo é Mental — contido na Mente DO TODO."
— *O Caibalion*

O TODO é ESPÍRITO! Mas o que é o Espírito? Esta pergunta não pode ser respondida, porque sua definição é praticamente igual à DO TODO, que não pode ser explicado ou definido. Espírito é simplesmente um nome que os humanos dão à mais alta concepção da Mente Viva Infinita — significa "a Verdadeira Essência" — significa Mente Viva, tão superior à Vida e à Mente como as conhecemos, quanto estas últimas são superiores à Energia mecânica e à Matéria. O Espírito transcende nossa compreensão, e usamos o termo apenas para que possamos pensar ou falar DO TODO. Para os propósitos de reflexão e compreensão, temos razão para pensar no Espírito como Mente Viva Infinita, ao mesmo tempo reconhecendo que não somos capazes de compreendê-lo por completo. Devemos fazer isso ou parar de pensar no assunto totalmente.

Passemos agora a uma reflexão sobre a natureza do Universo, como um todo e em suas partes. O que é o Universo? Vimos que não pode haver nada fora DO TODO. Portanto, o Universo é o TODO? Não, não pode ser, porque o Universo parece ser feito de muitos, e está em constante mudança, e de outras maneiras não corresponde às ideias que somos compelidos a aceitar a respeito DO TODO, como declarado em nossa última lição. Sendo assim, se o Universo não é o TODO, então, deve ser Nada — esta é a conclusão inevitável da mente a princípio. Contudo, isso não responde à pergunta, pois percebemos a existência do Universo. Desse modo, se o Universo não é nem o TODO, nem Nada, o que ele *pode* ser? Vamos examinar esta questão.

Se o Universo existe, ou parece existir, deve proceder de alguma forma DO TODO, deve ser uma criação DO TODO. No entanto, como algo nunca pode surgir do nada, a partir do que O TODO poderia tê-lo criado? Alguns filósofos responderam a essa pergunta declarando que O TODO criou o Universo a partir de si mesmo; isto é, a partir da existência e da substância DO TODO. No entanto, esta resposta não serve, pois O TODO não pode ser subtraído nem dividido, como vimos; então, mais uma vez, se for este o caso, não estaria cada partícula no Universo ciente de ser O TODO — O TODO não poderia perder seu conhecimento de si mesmo, nem de fato se tornar um átomo, ou força cega ou coisa viva inferior. Algumas pessoas, com efeito, entendendo que O TODO é de fato tudo e, também, reconhecendo que elas mesmas, seres humanos, existiam, saltaram para a conclusão de que elas e O TODO eram idênticos, e encheram o ar com gritos de "EU SOU DEUS", para o divertimento da multidão e a tristeza dos sábios. A alegação do corpúsculo de que: "Eu sou Homem!" seria modesta em comparação.

Mas, o que de fato é o Universo, se não é O TODO, nem foi criado pelo TODO se dividindo em fragmentos? O que mais pode ser, do que mais pode ser feito? Esta é a grande questão. Vamos examiná-la cuidadosamente. Veremos que o "Princípio da Correspondência" (veja a Lição 1) nos auxiliará agora. O antigo axioma hermético: "Assim é acima, como é abaixo", pode ser bem empregado neste ponto. Vamos nos esforçar para ter um vislumbre do funcionamento de planos superiores examinando-os por conta própria. O Princípio da Correspondência deve se aplicar a este e a outros problemas.

Vejamos! Em seu próprio plano de existência, como a Humanidade cria? Bem, primeiro, pode criar produzindo algo a partir de materiais externos. Mas isso não serve, pois não há materiais fora DO TODO com os quais ele pode criar. Bem, então, em segundo lugar, a Humanidade procria ou reproduz sua espécie pelo processo de procriação, que é a multiplicação de si realizada pela transferência de uma parcela da própria substância para sua prole. Mas isso não serve, porque O TODO não pode transferir ou subtrair uma parcela de si mesmo, nem pode reproduzir ou multiplicar a si mesmo — no primeiro caso, haveria uma subtração, e no segundo caso, uma multiplicação ou adição ao todo, ambas as ideias sendo absurdas. Não há uma terceira maneira pela qual o ser humano cria? Sim, há: ele cria mentalmente! E ao fazer isso, não utiliza materiais externos nem se reproduz e, ainda assim, seu Espírito permeia a Criação Mental.

Seguindo o Princípio da Correspondência, estamos justificados em considerar que o TODO cria o Universo mentalmente, de uma maneira semelhante ao processo pelo qual o Homem cria Imagens Mentais. E, é aqui que o relato da Razão coincide precisamente com o relato dos Iluminados, como demonstrado por seus ensinamentos e escritos. Tais são os ensinamentos dos Homens Sábios. Tal foi o Ensinamento de Hermes.

O TODO não pode criar de nenhuma outra forma exceto mentalmente, sem usar material (e não há nenhum a ser usado) ou então se reproduzir (o que também é impossível). Não há como escapar dessa conclusão da Razão que, como dissemos, concorda com os mais altos ensinamentos dos Iluminados. Da mesma maneira que o aprendiz pode criar um Universo próprio em sua mentalidade, o TODO cria Universos em sua própria Mentalidade. Todavia, seu Universo é a criação mental de uma Mente Finita, enquanto o DO TODO é a criação de uma Infinita. Ambos são semelhantes em espécie, mas infinitamente diferentes em grau. Examinaremos mais de perto o processo de criação e manifestação à medida que prosseguirmos. Mas este é o ponto a fixar em suas mentes neste estágio: o universo, e tudo que ele contém, é uma criação mental DO TODO. Em verdade e de fato, tudo é mente!

> "O TODO cria em sua Mente Infinita incontáveis Universos, que existem por eras de Tempo — e ainda assim, para O TODO, a criação, o desenvolvimento, o declínio e a morte de um milhão de Universos parecem durar um piscar de olhos." — *O Caibalion*

> "A Mente Infinita DO TODO é o útero de Universos."— *O Caibalion*

O Princípio do Gênero (veja Lição 1 e outras lições a seguir) manifesta-se em todos os planos da vida, material, mental e espiritual. Contudo, como dissemos antes, "Gênero" não significa "Sexo", sexo é meramente uma manifestação material de gênero. "Gênero" significa "relacionado à geração ou criação". E sempre que algo é gerado ou criado, em qualquer plano, o Princípio do Gênero deve se manifestar. E isso é verdade até mesmo na criação de Universos.

Entretanto, não se precipite em concluir que estamos ensinando que há um Deus ou Criador masculino e feminino. Essa ideia é uma mera distorção dos antigos ensinamentos sobre o assunto. O verdadeiro ensinamento é que o TODO, em si mesmo, está acima do Gênero, assim como está acima de todas as outras Leis, incluindo as de Tempo e Espaço. É a Lei, da qual as Leis procedem, e não está sujeito a elas. Mas quando o TODO se manifesta no plano da geração ou criação, então, age de acordo com a Lei e o Princípio, pois está se movendo em um plano inferior da Existência. E consequentemente manifesta o Princípio do Gênero, em seus aspectos Masculino e Feminino, no Plano Mental, é claro.

Esta ideia pode parecer surpreendente para alguns que a ouvem pela primeira vez, mas todos na verdade a aceitaram passivamente em suas concepções cotidianas. Falam da Paternidade de Deus e da Maternidade da Natureza — de Deus, o Pai Divino, e da Natureza, a Mãe Universal — e, assim, instintivamente reconheceram o Princípio do Gênero no Universo. Não é mesmo?

Mas, o ensinamento hermético não implica uma verdadeira dualidade — o TODO é um — os Dois Aspectos são nada mais que aspectos da manifestação. O ensinamento é que O Princípio Masculino manifestado pelo TODO está, de certa forma, à parte da criação mental real do Universo. Projeta sua Vontade em direção ao Princípio Feminino (que pode ser chamado de "Natureza"), quando então este último começa o trabalho real da evolução do Universo, de simples "centros de atividade" até o ser humano, e depois assim por diante elevando-se ainda mais, tudo conforme Leis da Natureza bem estabelecidas e firmemente aplicadas. Aqueles que preferem as antigas formas de expressão podem pensar no Princípio Masculino como deus, o Pai, e no Princípio Feminino como natureza, a Mãe Universal, de cujo ventre todas as coisas nasceram. Isto é mais do que uma mera figura poética de discurso — é uma ideia do processo real da criação do Universo. Mas lembrem-se sempre de que o TODO é apenas Um, e que em sua Mente Infinita o Universo é gerado, criado e existe.

Aplicar a Lei da Correspondência a si mesmos e às suas próprias mentes pode auxiliar os leitores a chegarem à ideia correta. Sabem que a parte de si que chamam de "Eu", em certo sentido, destaca-se e testemunha a criação de Imagens mentais em sua própria mente. A parte de sua mente na qual a geração mental é realizada pode ser chamada de "Mim" para distingui-la do "Eu" que se destaca, testemunha e examina os pensamentos, ideias e imagens do "Mim". "Assim é acima, como é abaixo", lembre-se, e os fenômenos de um plano podem ser empregados para resolver os enigmas de planos superiores ou inferiores.

É de se admirar que Você, a criança, sinta essa reverência instintiva pelo TODO, sentimento este que chamamos de "religião" — este respeito e reverência pela mente pai? É de se admirar que, ao considerar as obras e maravilhas da Natureza, você seja dominado por um sentimento poderoso que tem suas raízes lá no fundo do mais íntimo de seu ser? É a mente mãe na qual você está se aconchegando, como um bebê ao peito.

Não cometam o erro de supor que o pequeno mundo que veem ao seu redor — a Terra, que é um mero grão de poeira no Universo — é o próprio Universo. Existem milhões e milhões desses mundos, e maiores. E milhões e milhões desses Universos existem dentro da Mente Infinita do TODO. E mesmo em nosso próprio pequeno sistema solar existem regiões e planos de vida muito mais elevados do que os nossos, e seres comparados aos quais nós, mortais presos à Terra, somos como as formas de vida viscosas que habitam o leito do oceano quando comparadas ao Ser Humano. Existem seres com poderes e atributos mais elevados do que o Homem sonhou que os deuses possuíam. E, no entanto, esses seres já foram iguais a nós, e ainda mais inferiores — e seremos iguais a eles, e ainda mais elevados, com o tempo, pois esse é o Destino do Ser Humano, conforme relatado pelos Iluminados.

E a Morte não é real, mesmo no sentido Relativo — é apenas o Nascimento para uma nova vida — e seguiremos adiante, cada vez mais, rumo a planos de vida cada vez mais elevados, por séculos e séculos. O Universo é seu lar, e vamos explorar seus recantos mais distantes antes do fim do Tempo. Habitamos na Mente Infinita do TODO, e suas possibilidades e oportunidades são infinitas, tanto no tempo quanto no espaço. E no final do Grande Ciclo de Eras, quando o TODO atrairá de volta para si todas as suas criações; iremos alegremente, pois então poderemos conhecer a Verdade Completa de ser Um com o TODO. Tal é o relato dos Iluminados, aqueles que avançaram muito ao longo do Caminho.

E, enquanto isso, descansemos calmos e serenos, estamos a salvo e protegidos pelo Poder Infinito da MENTE PAI-MÃE.

"Dentro da Mente Pai-Mãe, os filhos mortais estão em casa."
— *O Caibalion*

"Não há ninguém no Universo que seja órfão de pai ou de mãe."
— *O Caibalion*

CAPÍTULO VI
O PARADOXO DIVINO

"Os quase sábios, reconhecendo a irrealidade comparativa do Universo, imaginam que são capazes de desafiar suas Leis — estes são tolos vaidosos e presunçosos, e são lançados contra as rochas e despedaçados pelos elementos devido à sua loucura. Os verdadeiramente sábios, conhecendo a natureza do Universo, usam Lei contra leis; o superior contra o inferior; e pela Arte da Alquimia transmutam o que é indesejável e transformam-no no que é digno e, desse modo, triunfam. A maestria não consiste em sonhos anormais, visões e imaginações ou vivências fantásticas, mas em usar as forças superiores contra as inferiores; escapando das dores dos planos inferiores por meio da vibração nos superiores. A transmutação, não a negação presunçosa, é a arma do Mestre." — *O Caibalion*

Este é o Paradoxo do Universo, o qual resulta do Princípio da Polaridade que se manifesta quando o TODO começa a Criar. É necessário lhe dar atenção, pois aponta a diferença entre a sabedoria parcial e a sabedoria completa. Enquanto para o todo infinito, o Universo, suas Leis, seus Poderes, sua vida, seus Fenômenos, são como coisas testemunhadas no estado de Meditação ou Sonho; ainda assim, para tudo o que é Finito, o Universo deve ser tratado como Real, e a vida, a ação e o pensamento devem se basear nisso, por conseguinte, embora com uma compreensão constante da Verdade Superior. Cada um de acordo com seu próprio Plano e Leis. Se o TODO imaginasse que o Universo fosse de fato Realidade, então, pobre do Universo, pois não haveria nesse caso nenhuma fuga do inferior para o superior, em direção ao divino; nesse caso, o Universo se tornaria imutável e o progresso se tornaria impossível.

E se o Ser Humano, devido à sabedoria parcial, age, vive e pensa no Universo como um mero sonho (semelhante aos seus próprios sonhos finitos), então, de fato torna-se isso para ele, e tal qual um sonâmbulo, ele sempre anda em círculos aos tropeços, sem fazer nenhum progresso e, por fim, é forçado a despertar ao cair machucado e sangrando por cima das Leis Naturais que ignorou. Deve-se manter a mente sempre voltada para a Estrela, porém, deve-se vigiar os próprios passos, para não cair na lama por seu olhar estar voltado para o alto. É preciso lembrar do Paradoxo Divino conforme o qual o Universo NÃO É, ainda assim, ELE É. Lembre-se sempre dos Dois Polos da Verdade, o Absoluto e o Relativo. Cuidado com as Meias-Verdades.

O que os hermetistas conhecem como "a Lei do Paradoxo" é um aspecto do Princípio da Polaridade. Os escritos herméticos estão cheios de referências à aparição do Paradoxo na consideração dos problemas da Vida e da Existência. Os Professores constantemente alertam seus aprendizes contra o erro de omitir o "outro lado" de qualquer questão. E seus avisos são direcionados em particular aos problemas do Absoluto e do Relativo, que deixam perplexos todos os estudantes de filosofia, e que fazem com que muitos pensem e ajam de forma contrária ao que é geralmente conhecido como "senso comum". E alertamos todos os alunos para que se certifiquem de compreender o Paradoxo Divino do Absoluto e do Relativo, para que não fiquem presos no atoleiro da Meia Verdade. Com isso em mente, esta lição específica foi redigida. Leia com atenção!

A primeira conclusão da pessoa que pensa depois que ela compreende a verdade de que o Universo é uma Criação Mental do TODO, é que o Universo, e tudo o que ele contém, é uma mera ilusão, uma irrealidade; ideia contra a qual seus instintos se revoltam. Contudo, isso, tal como todas as outras grandes verdades, deve ser considerada tanto do ponto de vista Absoluto quanto do Relativo. Do ponto de vista Absoluto, é claro, o Universo tem a natureza de uma ilusão, um sonho, uma fantasmagoria, quando comparado ao TODO em si. Nós reconhecemos isto em nossa visão comum, pois falamos do mundo como "um espetáculo passageiro" que vem e vai, nasce e morre — pois o elemento de impermanência e mudança, finitude e insubstancialidade, deve estar sempre conectado à ideia de um Universo criado quando contrastado com a ideia do

TODO, não importa quais sejam nossas crenças a respeito da natureza de ambos. Filósofos, metafísicos, cientistas e teólogos concordam com essa ideia, e ela é encontrada em todas as formas de pensamento filosófico e concepções religiosas, bem como nas teorias das respectivas escolas de metafísica e teologia.

Assim, os Ensinamentos Herméticos não pregam a insubstancialidade do Universo em termos mais fortes do que aqueles que são mais familiares, embora sua apresentação do assunto possa parecer um pouco mais surpreendente. Tudo que tenha um começo e um fim deve ser, em certo sentido, irreal e falso, e o Universo se sujeita à regra em todas as escolas de pensamento. Do ponto de vista Absoluto, não há nada Real exceto o TODO, não importa quais termos possamos usar ao pensar ou discutir o assunto. Seja o Universo criado de Matéria ou seja ele uma Criação Mental na Mente do TODO, ele é insubstancial, não duradouro, uma coisa de tempo, espaço e mudança. Queremos que compreendam este fato plenamente, antes que emitam um juízo sobre a concepção Hermética da natureza Mental do Universo. Reflitam sobre todas e quaisquer outras concepções e vejam se não é verdade quanto a elas.

Mas o ponto de vista Absoluto mostra apenas um lado da imagem; o outro lado é o Relativo. A Verdade Absoluta foi definida como "Coisas como a mente de Deus as conhece", enquanto a Verdade Relativa é "Coisas como a razão humana mais elevada as compreende". E, assim, enquanto para o TODO o Universo deve ser irreal e ilusório, um mero sonho ou resultado de meditação; em contrapartida, para as mentes finitas que formam uma parte desse Universo e o veem através de faculdades mortais, o Universo é muito real de fato, e assim deve ser considerado. Ao reconhecer a visão Absoluta, não devemos cometer o erro de ignorar ou negar os fatos e fenômenos do Universo como eles se apresentam às nossas faculdades mortais — nós não somos o TODO, lembrem-se.

Para ilustrar com exemplos familiares, todos reconhecemos o fato de que a matéria "existe" para nossos sentidos — nos sairemos mal se não o fizermos. E, no entanto, até mesmo nossas mentes finitas compreendem a declaração científica de que não existe Matéria do ponto de vista científico — o que chamamos de Matéria é considerado meramente uma agregação de átomos, átomos estes que não passam de agrupamentos de unidades de força, chamadas elétrons ou "íons", vibrando e em constante movimento circular. Chutamos uma pedra e sentimos o impacto, parece ser real, apesar de sabermos que é tão somente o que afirmamos acima. Contudo, lembre-se de que nosso pé, que sente o impacto por meio de nossos cérebros, é igualmente Matéria, portanto constituído de elétrons, e, a propósito, nossos cérebros também o são. E, na melhor das hipóteses, não fosse nossa Mente, não reconheceríamos o pé nem a pedra.

Por outro lado, o ideal do artista ou do escultor, que ele se esforça para reproduzir em tela ou pedra, parece muito real para ele. Assim como os personagens na mente do autor ou dramaturgo, que ele busca expressar para que outros possam reconhecê-los. E se isso é verdade no caso de nossas mentes finitas, qual deve ser o grau de Realidade nas Imagens Mentais criadas na Mente do Infinito? Ah, amigos, para os mortais este Universo de Mentalidade é muito real de fato; é o único que podemos conhecer, embora nos elevemos de plano em plano, cada vez mais alto nele. Para conhecê-lo de outra forma, pela experiência real, devemos ser o TODO em si. É verdade que quanto mais alto ascendemos na escala — quanto mais perto da "mente do Pai" chegamos — mais aparente se torna a natureza ilusória das coisas finitas, mas não até que o TODO enfim nos incorpore a si mesmo é que a visão de fato se dissipará.

Por essa razão, não precisamos nos deter na característica da ilusão. Em vez disso, vamos reconhecendo a verdadeira natureza do Universo, buscar compreender suas leis mentais e nos esforçar para utilizá-las obtendo o melhor efeito em nosso progresso ascendente pela vida, enquanto viajamos de um plano da existência a outro. As Leis do Universo não são menos "Leis Férreas" devido à natureza mental. Todos, exceto o TODO, são limitados por elas. O que está NA MENTE INFINITA DO TODO É REAL em um grau inferior apenas àquela Realidade em si que constitui a natureza do TODO.

Portanto, não se sintam inseguros ou temerosos, estamos todos FIRMEMENTE CONTIDOS NA MENTE INFINITA DO TODO, e não há nada capaz de nos ferir ou que devemos temer. Não há Poder fora do TODO que nos afete. Por isso, podemos repousar tranquilos e seguros. Há um mundo de conforto e segurança uma vez alcançada esta compreensão. Então "dormimos calmos e em paz, embalados no Berço das Profundezas"; repousando em segurança no seio do Oceano da Mente Infinita, que é o TODO. No TODO, de fato, "nós vivemos, nos movemos e existimos".

A Matéria não deixa de ser Matéria para nós, enquanto habitamos o plano da Matéria, embora saibamos que ela é somente um agregado de "elétrons", ou partículas de Força que vibram rapidamente e giram em torno umas das outras formando átomos; os átomos, por sua vez, vibram e giram, formando moléculas que, por sua vez, formam massas maiores de Matéria. Nem a Matéria se torna menos Matéria, quando seguimos a investigação ainda mais adiante, e aprendemos com os Ensinamentos Herméticos, que a "Força" da qual os elétrons são apenas unidades é apenas uma manifestação da Mente do TODO e, como tudo o mais no Universo, é puramente Mental em sua natureza. Enquanto no Plano da matéria, devemos reconhecer seus fenômenos — podemos controlar a Matéria (como todos os Mestres de grau superior ou inferior fazem), mas o fazemos aplicando as forças superiores. Cometemos uma loucura quando tentamos negar a existência da Matéria no aspecto relativo. Podemos negar seu domínio sobre nós — e com razão — mas não devemos tentar ignorá-lo em seu aspecto relativo, pelo menos enquanto habitamos em seu plano.

As Leis da Natureza também não se tornam menos constantes ou efetivas, quando as conhecemos, da mesma maneira, como meras criações mentais. Elas estão em plena operação nos vários planos. Superamos as leis inferiores, aplicando leis ainda mais elevadas — e somente desta forma. Mas não podemos fugir à Lei ou nos colocar inteiramente acima dela. Nada além do TODO pode fugir à Lei — e isso porque O TODO é a própria LEI, da qual todas as Leis emergem. Os Mestres mais avançados podem adquirir os poderes normalmente atribuídos aos deuses dos seres humanos; e há incontáveis categorias de seres, na grande hierarquia da vida, cuja existência e poder transcendem até mesmo os dos mais elevados Mestres entre os seres humanos a um grau inimaginável para os mortais, mas mesmo o mais elevado Mestre, e o mais elevado Ser, deve se curvar à Lei, e ser como Nada aos olhos do TODO. De modo que, se mesmo esses Seres mais elevados, cujos poderes excedem até mesmo aqueles atribuídos pelos seres humanos aos seus deuses, se mesmo esses são limitados e subordinados à Lei, então imaginem a presunção do ser humano mortal, de nossa espécie e grau, quando ousa considerar as Leis da Natureza como "irreais!", visionárias e ilusórias, porque ele consegue compreender a verdade de que as Leis são de natureza Mental, e apenas Criações Mentais do TODO. As Leis que O TODO define como Leis governantes não são para ser desafiadas ou discutidas. Enquanto o Universo perdurar, elas perdurarão, pois o Universo existe em virtude dessas Leis que compõem sua estrutura e que o mantêm íntegro.

O Princípio Hermético do Mentalismo, embora explique a verdadeira natureza do Universo por meio do princípio de que tudo é Mental, não muda as concepções científicas do Universo, Vida ou Evolução. Na verdade, a ciência tão somente corrobora os Ensinamentos Herméticos. Estes últimos apenas ensinam que a natureza do Universo é "Mental", enquanto a ciência moderna ensinou que ele é "Material"; ou (nos últimos tempos) que é "Energia" em última análise. Os Ensinamentos Herméticos não encontram nenhuma falha no princípio básico de Herbert Spencer, que postula a existência de uma "Energia Infinita e Eterna da qual todas as coisas procedem". Com efeito, os herméticos reconhecem na filosofia de Spencer a mais alta declaração externa do funcionamento das Leis Naturais que já foram promulgadas, e acreditam que Spencer foi uma reencarnação de um antigo filósofo que habitou o Antigo Egito há milhares de anos e que posteriormente encarnou como Heráclito, o filósofo grego que viveu em 500 a.C. E consideram sua declaração da "Energia Infinita e Eterna" como perfeitamente de acordo com os Ensinamentos Herméticos, sempre com o acréscimo de sua própria doutrina de que essa "Energia" é a Energia da Mente do TODO. Com a Chave-Mestra da Filosofia Hermética, o discípulo de Spencer será capaz de destrancar muitas portas das concepções filosóficas internas do grande filósofo inglês, cuja obra revela os resultados da preparação de suas encarnações anteriores. Seus ensinamentos sobre Evolução e Ritmo estão em quase perfeito acordo com os Ensinamentos Herméticos sobre o Princípio do Ritmo.

Por isso, o aprendiz do Hermetismo não precisa deixar de lado nenhuma de suas estimadas concepções científicas acerca do Universo. Tudo o que lhe é solicitado é que compreenda o princípio subjacente de que "O TODO é Mente; o Universo é Mental — contido na mente do TODO". Ele descobrirá que os outros seis dos Sete Princípios "se encaixarão" em seu conhecimento científico e servirão para trazer à tona pontos obscuros e lançar luz em cantos sombrios. Não é de se admirar, quando notamos a influência do pensamento hermético dos primeiros filósofos da Grécia, sobre cujas bases de raciocínio as teorias da ciência moderna repousam em grande parte. A aceitação do Primeiro Princípio Hermético (Mentalismo) é o único grande ponto de diferença entre a Ciência Moderna e os estudantes herméticos, e a Ciência está gradualmente avançando em direção à posição hermética, tateando no escuro em busca de uma saída do Labirinto para dentro do qual ela vagou em sua busca pela Realidade.

O propósito desta lição é incutir nas mentes de nossos aprendizes o fato de que, para todos os efeitos, o Universo, suas leis e seus fenômenos são tão REAIS, no que diz respeito ao Ser Humano, quanto seriam sob as hipóteses do Materialismo ou do Energismo. Sob qualquer hipótese, o Universo em seu aspecto externo é mutável, sempre fluido e transitório; e, por isso, desprovido de substancialidade e realidade. Mas (observe o outro polo da verdade) sob as mesmas hipóteses, somos compelidos a AGIR E VIVER como se as coisas passageiras fossem reais e substanciais. Com esta diferença, sempre, entre as várias hipóteses: sob as antigas visões o Poder Mental era ignorado como uma Força Natural, enquanto sob o Mentalismo ele se torna a Maior das Forças Naturais. E esta única diferença revoluciona a Vida, para aqueles que entendem o Princípio e suas leis e práticas resultantes.

Desse modo, por fim, todos os estudantes, compreendem a vantagem do Mentalismo e aprendem a conhecer, utilizar e aplicar as leis que resultam dele. Todavia, não cedam à tentação que, como afirma *O Caibalion*, domina os meio-sábios e que faz com que sejam hipnotizados pela aparente irrealidade das coisas, como consequência eles vagam como pessoas irreais habitando um mundo de sonhos, ignorando o trabalho prático e a vida humana, e no fim das contas "são lançados contra as rochas e despedaçados pelos elementos, devido à sua loucura". Em vez disso, sigam o exemplo dos sábios, que a mesma autoridade afirma, "usam Lei contra Leis; as superiores contra as inferiores; e por meio da Arte da Alquimia transmutam o que é indesejável naquilo que é valioso e, assim, triunfam". Seguindo a autoridade, evitemos a meia-sabedoria (a qual é loucura) que ignora a seguinte verdade: "A maestria não consiste em sonhos anormais, visões e imaginações ou vivências fantásticas, mas em utilizar as forças superiores contra as inferiores, escapando das dores dos planos inferiores por vibrar conforme os superiores". Lembrem-se sempre, estudantes, que "A transmutação, não a negação presunçosa, é a arma do Mestre". As citações acima são de *O Caibalion* e são dignas de serem memorizadas pelo aprendiz.

Não vivemos em um mundo de sonhos, mas em um Universo que, embora relativo, é real no que diz respeito às nossas vidas e ações. Nosso negócio no Universo não é negar sua existência, mas VIVER, usando as Leis para nos elevarmos do mais baixo para o mais alto; vivendo, fazendo o melhor que podemos sob as circunstâncias que surgem a cada dia e vivendo, tanto quanto possível, de acordo com nossas maiores ideias e ideais. O verdadeiro Significado da Vida não é conhecido pelas pessoas neste plano — se é que, de fato, o é em algum —, porém, as autoridades mais elevadas e nossas próprias intuições nos ensinam que não cometemos erros ao viver conforme o que há de melhor em nós, tanto quanto possível, e ao perceber a tendência Universal na mesma direção, apesar das evidências aparentes em contrário. Estamos todos no Caminho — e a estrada conduz sempre para cima, com frequentes locais de descanso.

Leia a mensagem de *O Caibalion,* e siga o exemplo dos "sábios", evitando o erro dos "meio-sábios" que perecem devido à sua tolice.

CAPÍTULO VII
"O TODO" EM TUDO

"Enquanto TUDO está no TODO, é igualmente verdade que O TODO está em TUDO. Para aquele que verdadeiramente compreende esta verdade, advém grande conhecimento." — *O Caibalion*

Quantas vezes a maioria das pessoas ouviu repetidas declarações de que sua Divindade (chamada por vários nomes) era "Tudo em Todos" e quão pouco suspeitaram da verdade oculta interna escondida por essas palavras proferidas descuidadamente? A expressão comumente usada é um resquício da antiga Máxima Hermética citada acima. Como afirma *O Caibalion*: "Para aquele que verdadeiramente compreende esta verdade, advém grande conhecimento". E, sendo assim, busquemos esta verdade, cuja compreensão importa tanto. Nesta declaração da verdade, esta Máxima Hermética, está oculta uma das maiores verdades filosóficas, científicas e religiosas.

Oferecemos a vocês o Ensinamento Hermético relacionado à Natureza Mental do Universo, a verdade de que "o Universo é Mental — contido na Mente do TODO". Conforme *O Caibalion* afirma, no trecho citado acima: "TUDO está no TODO". Mas observe também a declaração correlata que diz: "É igualmente verdade que O TODO está em TUDO". Esta declaração aparentemente contraditória é reconciliável sob a Lei do Paradoxo. É, além disso, uma declaração Hermética precisa das relações existentes entre O TODO e seu Universo Mental. Vimos como "TUDO está no TODO", examinemos agora o outro aspecto da questão.

Os Ensinamentos Herméticos declaram que O TODO é Imanente ("que é presente internamente; inerente; que habita") em seu Universo, e em toda parte, partícula, unidade ou combinação dentro do Universo. Esta declaração é normalmente ilustrada pelos Professores por meio de uma referência ao Princípio da Correspondência. O Professor instrui o aluno a criar uma Imagem Mental de algo, uma pessoa, uma ideia, alguma coisa que tenha uma forma mental, o exemplo favorito sendo o do autor ou dramaturgo criando uma ideia de seus personagens; ou um pintor ou escultor criando uma imagem de um ideal que deseja expressar através de sua arte. Em cada caso, o aluno descobrirá que enquanto a imagem tem sua existência e ser somente dentro de sua própria mente, ainda assim, ele — o aluno, autor, dramaturgo, pintor ou escultor — é, em certo sentido, imanente a ela; está presente internamente nela ou habita na imagem mental também. Em outras palavras, toda virtude, vida e espírito da realidade na imagem mental é derivada da "mente imanente" do pensador. Reflita sobre isso por um momento, até que a ideia seja compreendida.

Para oferecer um exemplo moderno, digamos que Otelo, Iago, Hamlet, Lear e Ricardo III existiam apenas na mente de Shakespeare, no momento de sua concepção ou criação. E, ainda assim, Shakespeare também existia dentro de cada um desses personagens, concedendo-lhes sua vitalidade, espírito e ação. De quem é o "espírito" dos personagens que conhecemos como Micawber, Oliver Twist, Uriah Heep; é de Dickens, ou cada um desses personagens tem um espírito próprio, independente de seu criador? A Vênus de Médici, a Madona Sistina, o Apolo Belvedere têm espíritos e realidade próprios, ou representam o poder espiritual e mental de seus criadores? A Lei do Paradoxo explica que ambas as proposições são verdadeiras, observadas dos pontos de vista apropriados. Micawber é tanto Micawber e, também, Dickens. E, mais uma vez, embora Micawber possa ser considerado Dickens, Dickens não é idêntico a Micawber. O ser humano, tal como Micawber, pode exclamar: "O Espírito de meu Criador é inerente a mim; ainda assim, eu não sou ELE!" O quanto isso é diferente da chocante meia-verdade tão vociferada por alguns dos meio-sábios que enchem o ar com seus brados estridentes: "Eu sou Deus!". Imaginem o pobre Micawber ou o furtivo Uriah Heep gritando: "Eu sou Dickens"; ou um dos humildes tolos em uma das peças de Shakespeare, anunciando eloquentemente: "Eu sou Shakespeare!". O TODO está na minhoca, e ainda assim a minhoca está longe de ser O TODO. E, mesmo assim, permanece a maravilha de que, embora a minhoca exista tão somente como uma coisa inferior, criada e existindo unicamente dentro da Mente do TODO — O TODO ainda é imanente à minhoca e às partículas que a compõem. Pode haver algum mistério maior do que este: "TUDO no TODO; e O TODO em TUDO"?

O aprendiz, sem dúvida, perceberá que os exemplos dados acima são necessariamente imperfeitos e inadequados, pois representam a criação de imagens mentais em mentes finitas, enquanto o Universo é uma criação da Mente Infinita, e a diferença entre os dois polos os separa. No entanto, é apenas uma questão de grau; o mesmo Princípio está agindo; o Princípio da Correspondência se manifesta em cada um: "Assim é acima, como é abaixo; assim é abaixo, como é acima".

E, à medida que o Ser Humano compreende a existência do Espírito Interior, imanente dentro de seu ser, ascenderá na escala espiritual da vida. Desenvolvimento espiritual significa isso: o reconhecimento, a compreensão e a manifestação do Espírito dentro de nós. Tentem se lembrar desta última definição, a de desenvolvimento espiritual. Ela contém a Verdade da Verdadeira Religião.

Há muitos planos de Existência, muitos subplanos de Vida, muitos graus de existência no Universo. E todos dependem do avanço dos seres na escala, cujo ponto mais baixo é a matéria mais grosseira, o mais elevado sendo separado apenas pela divisão mais delicada do ESPÍRITO do TODO. E tudo se move para cima e adiante ao longo desta Escala da Vida. Tudo está no Caminho, cujo destino é o TODO. Todo progresso é um Retorno ao Lar. Tudo é para Cima e Adiante, apesar de todas as aparências supostamente contraditórias. Essa é a mensagem dos Iluminados.

Os Ensinamentos Herméticos sobre o processo da Criação Mental do Universo dizem que no início do Ciclo Criativo, o TODO, em seu aspecto de Ser, projeta sua Vontade em direção ao seu aspecto de "Tornar-se" e o processo de criação se inicia. É ensinado que o processo consiste na redução da Vibração até que um grau muito baixo de energia vibratória seja alcançado, ponto no qual a forma mais grosseira possível de Matéria é manifestada. Este processo é chamado de estágio de Involução, no qual o TODO se torna "associado" ou "envolto" em sua criação. Os hermetistas acreditam que este processo tem uma Correspondência com o processo mental de um artista, escritor ou inventor que fica tão envolvido em sua criação mental a ponto de quase esquecer da própria existência e que, por algum tempo, quase "vive em sua criação". Se em vez de "envolto" usarmos a palavra "arrebatado", talvez possamos dar uma ideia melhor do que isso significa.

Esse estágio involuntário da Criação é algumas vezes chamado de "Efusão" da Energia Divina, assim como o estado evolutivo é chamado de "Infusão". O polo extremo do processo criativo é considerado o mais distante do TODO, enquanto o início do estágio evolutivo é considerado o início do balanço de retorno do pêndulo do Ritmo; uma ideia de "volta para casa" mantida em todos os Ensinamentos Herméticos.

Os Ensinamentos afirmam que, durante a "Efusão", as vibrações se tornam cada vez mais baixas até que, finalmente, o impulso cessa, e o balanço de retorno começa. Mas há esta diferença, que enquanto na "Efusão" as forças criativas se manifestam compactamente e como um todo, desde o princípio do estágio Evolutivo ou "Infusão" a Lei da Individualização se manifesta; isto é, a tendência de separar-se em Unidades de Força, de modo que, no fim das contas, aquilo que deixou o TODO como energia não individualizada retorna à sua fonte como inúmeras Unidades de Vida altamente desenvolvidas, tendo se elevado cada vez mais na escala por meio da Evolução Física, Mental e Espiritual.

Os antigos hermetistas usam a palavra "Meditação" para descrever o processo da criação mental do Universo na Mente do TODO, a palavra "Contemplação" também é frequentemente empregada. Entretanto, a ideia pretendida parece ser a do emprego da Atenção Divina. "Atenção" é uma palavra derivada da raiz latina que significa "estender; alcançar", e assim o ato de Atenção é de fato um "alcançar; estender" da energia mental, de maneira que a ideia subjacente é imediatamente compreendida quando examinamos o verdadeiro significado de "Atenção".

Os Ensinamentos Herméticos sobre o processo de Evolução são o seguinte: o TODO, tendo meditado sobre o início da Criação — e, desse modo, estabelecido as bases materiais do Universo, trazendo-o à existência por seu pensamento; em seguida, aos poucos, desperta ou se ergue de sua Meditação e, ao fazê-lo, inicia a manifestação do processo de Evolução, nos planos mental, espiritual e material, sucessivamente e em ordem. Assim, o movimento ascendente se inicia; e tudo começa a se mover em direção ao Espírito. A matéria se torna menos grosseira; as Unidades surgem; as combinações começam a se formar; a Vida surge e se manifesta em formas cada vez mais elevadas; e a Mente se torna cada vez mais evidente — as vibrações constantemente se elevando. Em suma, todo o processo de Evolução, em todas as suas fases, começa e prossegue segundo o processo estabelecido pelas "Leis da Infusão". Tudo isso leva eras e eras do tempo da Humanidade, cada era contendo incontáveis milhões de anos, porém, ainda assim, os Iluminados nos informam de que toda a criação, incluindo a Involução e a Evolução, de um Universo, é apenas "como um piscar de olhos" para o TODO. No final de incontáveis ciclos de eras de tempo, o TODO remove sua Atenção — sua Contemplação e Meditação — do Universo, pois a Grande Obra está concluída; e TUDO é atraído para o TODO do qual emergiu. Entretanto, Mistério dos Mistérios: o Espírito de cada alma não é aniquilado, mas é infinitamente expandido; Criatura e Criador se fundem. Tal é o relato dos Iluminados!

O exemplo acima da "meditação" e subsequente "despertar da meditação" do TODO, é claro apenas uma tentativa dos professores para descrever o processo Infinito com um exemplo finito. No entanto: "Assim é abaixo, com é acima". A diferença é simplesmente de grau. E tal qual o TODO desperta a si mesmo da meditação sobre o Universo, da mesma forma o Homem (com o tempo) cessa de se manifestar no Plano Material e se retira cada vez mais para o Espírito Interior, que é de fato "O Ego Divino".

Há mais um assunto do qual desejamos tratar nesta lição, e que se aproxima muito de uma invasão do campo metafísico da especulação, embora nosso propósito seja apenas demonstrar a futilidade de tal especulação. Aludimos ao questionamento que inevitavelmente vem à mente de todos os pensadores que se aventuraram a buscar a Verdade. A pergunta é: "*Por que* o TODO cria Universos?". Ela pode ser expressa de diferentes maneiras, mas a dada acima contém a essência da investigação.

A humanidade se esforçou arduamente para responder a essa pergunta, mas ainda não há uma resposta digna do nome. Alguns imaginaram que o TODO tinha algo a ganhar, mas isso é absurdo, pois o que o TODO poderia ganhar que já não possuísse? Outros buscaram a resposta na ideia de que o TODO "desejava algo para amar", e outros que ele criou por prazer ou diversão, ou porque "estava solitário", ou para manifestar seu poder. Todas essas explicações e ideias são pueris e pertencem ao período infantil do pensamento.

Outros buscaram explicar o mistério pressupondo que o TODO se viu "compelido" a criar, em razão de sua própria "natureza interna" — seu "instinto criativo". Essa ideia está mais avançada que as outras, porém, seu ponto fraco reside na ideia de o TODO ser "compelido" por qualquer coisa, seja interna ou externa. Se sua "natureza interna" ou "instinto criativo" o compelisse a fazer qualquer coisa, então, a "natureza interna" ou "instinto criativo" seria o Absoluto, em vez do TODO; por conseguinte, essa parte da proposição falha. E, ainda assim, o TODO cria e se manifesta, e parece encontrar algum tipo de satisfação em fazê-lo. E é difícil escapar da conclusão de que em algum grau infinito ele deve ter o que corresponderia a uma "natureza interna" ou "instinto criativo" no homem, com um Desejo e uma Vontade correspondentemente infinitos. Não seria capaz de agir a menos que Decidisse Agir; e não seria capaz de Decidir Agir, a menos que Desejasse Agir; não poderia Desejar Agir a menos que obtivesse alguma Satisfação disso. E todas essas coisas pertenceriam a uma "Natureza Interna", e poderiam ser postuladas como existentes em conformidade com a Lei da Correspondência. Ainda assim, preferimos pensar no TODO como agindo inteiramente LIVRE de qualquer influência, interna e externa. Esse é o problema que há na raiz da dificuldade; e a dificuldade que há na raiz do problema.

A rigor, não se pode afirmar que haja qualquer "Razão" para que o TODO aja, pois uma "razão" implica uma "causa", e o TODO está acima de Causa e Efeito, exceto quando Decide se tornar uma Causa, momento em que o Princípio é posto em movimento. Portanto, compreendam, a questão é Incompreensível, assim como o TODO é Incognoscível. Da mesma forma que declaramos que o TODO simplesmente "É", assim também somos compelidos a afirmar que "O TODO AGE PORQUE AGE". Por fim, o TODO é Toda Razão em Si Mesmo; Toda Lei em Si Mesmo; Toda Ação em Si Mesmo — e pode-se dizer, corretamente, que o TODO é a Própria Razão, a própria Lei, o próprio Ato; ou indo além, que o TODO, sua Razão, seu Ato, sua Lei são UM, todos sendo nomes para a mesma coisa. Na opinião daqueles que lhes estão transmitindo estas presentes lições, a resposta está fechada no EU INTERNO do TODO, junto com seu Segredo da Existência. A Lei da Correspondência, em nossa opinião, estende-se somente até o aspecto do TODO, que pode ser denominado "O Aspecto do TORNAR-SE". Por trás desse Aspecto está "O Aspecto do SER" no qual todas as Leis se perdem na LEI; todos os Princípios se fundem no PRINCÍPIO — e O TODO, o PRINCÍPIO e o SER são IDÊNTICOS, UM E O MESMO. Sendo assim, a especulação metafísica com relação a este ponto é fútil. Entramos no assunto aqui, apenas para mostrar que reconhecemos o questionamento e, também, o absurdo das respostas comuns da metafísica e da teologia.

Concluindo, pode ser do interesse de nossos estudantes aprender que, embora alguns dos antigos e modernos Professores Herméticos tenham se inclinado a aplicar o Princípio da Correspondência à pergunta, o que resultou na conclusão sobre a "Natureza Interior", ainda assim, as lendas dizem que HERMES, o Grande, quando questionado sobre esse tema por seus discípulos avançados, respondeu-lhes PRESSIONANDO OS LÁBIOS BEM APERTADOS e não falando uma palavra, indicando que NÃO HAVIA RESPOSTA. No entanto, ele podia ter a intenção de aplicar o axioma de sua filosofia, que diz:"Os lábios da Sabedoria estão fechados, exceto para os ouvidos do Entendimento", acreditando que mesmo seus alunos avançados não possuíam o Entendimento que lhes dava direito ao Ensinamento. De qualquer forma, se Hermes possuía o Segredo, ele não o transmitiu e, no que diz respeito ao mundo, OS LÁBIOS DE HERMES ESTÃO FECHADOS com relação a isto. E, onde o Grande Hermes hesitou em falar, que mortal ousaria ensinar?

Todavia, lembre-se de que, qualquer que seja a resposta para este problema, se de fato houver uma resposta, a verdade permanece:"Enquanto TUDO está no TODO, é igualmente verdadeiro que O TODO está em TUDO". O Ensinamento quanto a este ponto é enfático. E, podemos acrescentar as palavras finais da citação:"Aquele que de fato compreende esta verdade alcança grande conhecimento".

CAPÍTULO VIII

PLANOS DE CORRESPONDÊNCIA

"Assim é acima, como é abaixo; assim é abaixo, como é acima."
— *O Caibalion*

O grande Segundo Princípio Hermético engloba a verdade de que há uma harmonia, acordo e correspondência entre os vários planos de Manifestação, Vida e Existência. Esta declaração é verdade porque tudo o que está contido no Universo emana da mesma fonte, e as mesmas leis, princípios e características se aplicam a cada unidade, ou combinação de unidades, de atividade, conforme cada uma manifesta os próprios fenômenos em seu próprio plano.

Para fins de conveniência de pensamento e estudo, a Filosofia Hermética considera que o Universo pode ser dividido em três grandes classes de fenômenos, conhecidas como os Três Grandes Planos, a saber:

1. O Grande Plano Físico
2. O Grande Plano Mental
3. O Grande Plano Espiritual

Essas divisões são mais ou menos artificiais e arbitrárias, pois a verdade é que todas as três divisões são apenas graus ascendentes da grande escala da Vida, cujo ponto mais baixo é a Matéria indiferenciada e o ponto mais elevado é o do Espírito. E, além disso, os diferentes Planos se mesclam, de modo que nenhuma divisão rígida e definida pode ser feita entre os fenômenos mais elevados do Físico e os inferiores do Mental; ou entre os mais elevados do Mental e os inferiores do Físico.

Em suma, os Três Grandes Planos podem ser compreendidos como três grandes grupos de graus de Manifestação da Vida. Embora os propósitos deste pequeno livro não nos permitam entrar em uma discussão ou explicação extensa do assunto desses diferentes planos, ainda assim, consideramos apropriado fornecer uma descrição geral deles neste ponto.

Para começar, podemos muito bem considerar a pergunta feita tantas vezes pelo neófito que deseja ser informado sobre o significado da palavra "Plano", termo que tem sido usado muito frequentemente e muito mal explicado em muitas obras recentes sobre Ocultismo. A pergunta normalmente é a seguinte: "Um Plano é um lugar com dimensões ou é apenas uma condição ou estado?". Respondemos: "Não, não é um lugar, nem uma dimensão comum do espaço; porém, é mais do que um estado ou condição. Pode ser considerado um estado ou condição e, ainda assim, o estado ou condição é um grau de dimensão, em uma escala sujeita a medição". Um tanto paradoxal, não é mesmo? Examinemos o tema. Uma "dimensão", como se sabe, é "uma medida em linha reta, relacionada à medida", etc. As dimensões comuns do espaço são comprimento, largura e altura ou, talvez, comprimento, largura, altura, espessura ou circunferência. Contudo, há outra dimensão de "coisas criadas" ou "medidas em linha reta", conhecida pelos ocultistas e também pelos cientistas, embora estes últimos ainda não tenham aplicado o termo "dimensão" a ela; e essa nova dimensão que, a propósito, é a tão especulada "Quarta Dimensão", é o padrão usado para determinar os graus ou "planos".

Esta Quarta Dimensão pode ser chamada de "A Dimensão da Vibração". É um fato bem conhecido pela ciência moderna, bem como pelos Hermetistas, que incorporaram a verdade em seu "Terceiro Princípio Hermético", que "tudo está em movimento; tudo vibra; nada está em repouso". Da manifestação mais elevada à mais baixa, tudo e todas as coisas Vibram. Não apenas vibram em diferentes taxas de movimento, mas também em diferentes direções e de maneiras diferentes. Os graus da taxa de vibrações constituem os graus de medição na Escala de Vibrações; em outras palavras, os graus da Quarta Dimensão. E esses graus formam o que os ocultistas denominam "Planos". Quanto maior o grau de taxa de vibração, mais elevado o plano e mais elevada a manifestação de Vida que ocupa aquele plano. De modo que, embora um plano não seja "um lugar", nem "um estado ou condição", possui qualidades comuns a ambos. Teremos mais a dizer sobre o assunto da escala de Vibrações em nossas próximas lições, nas quais refletiremos a respeito do Princípio Hermético da Vibração.

No entanto, lembrem-se, por gentileza, de que os Três Grandes Planos não são divisões reais dos fenômenos do Universo, mas meros termos arbitrários utilizados pelos Hermetistas para auxiliar no pensamento e estudo dos vários graus e Formas de atividade e vida universais. O átomo da matéria, a unidade de força, a mente do homem e a existência do arcanjo são todos apenas graus em uma escala, e todos fundamentalmente o mesmo, a diferença entre eles é apenas uma questão de grau e taxa de vibração; todos são criações do TODO e têm sua existência somente dentro da Mente Infinita do TODO.

Os hermetistas subdividem cada um dos Três Grandes Planos em Sete Planos Menores, e cada um destes últimos também é subdividido em sete subplanos, sendo todas as divisões mais ou menos arbitrárias, mesclando-se umas às outras, e adotadas somente para a conveniência do estudo e pensamento científico.

O Grande Plano Físico, com seus Sete Planos Menores, é a divisão dos fenômenos do Universo que inclui tudo que está relacionado à física, ou coisas, forças e manifestações materiais. Inclui todas as formas daquilo que chamamos de Matéria, e todas as formas daquilo que chamamos de Energia ou Força. Contudo, é necessário lembrar que a Filosofia Hermética não reconhece a Matéria como uma coisa por si só, ou como tendo uma existência separada mesmo na Mente do TODO. Os Ensinamentos declaram que a Matéria é apenas uma forma de Energia; isto é, Energia em uma baixa taxa de vibrações de um certo tipo. E, consequentemente, os Hermetistas classificam a Matéria sob o título de Energia, e dão a ela três dos Sete Planos Menores do Grande Plano Físico.

Esses Sete Planos Físicos Menores são os seguintes:

1. O Plano da Matéria (A)
2. O Plano da Matéria (B)
3. O Plano da Matéria (C)
4. O Plano da Substância Etérea
5. O Plano da Energia (A)
6. O Plano da Energia (B)
7. O Plano da Energia (C)

O Plano da Matéria (A) compreende as formas da Matéria em seus estados sólido, líquido e gasoso, como em geral se reconhecem nos livros didáticos de física. O Plano da Matéria (B) compreende certas formas mais elevadas e sutis da Matéria, cuja existência a ciência moderna está apenas agora reconhecendo, os fenômenos da Matéria Radiante, em suas fases do rádio etc., pertencentes à subdivisão inferior deste Plano Menor. O Plano da Matéria (C) compreende formas mais sutis e tênues da Matéria, cuja existência não é suspeitada por cientistas comuns. O Plano da Substância Etérea compreende aquilo que a ciência descreve como "O Éter", uma substância de extrema tenuidade e elasticidade, que permeia todo o Espaço Universal e atua como um meio para a transmissão de ondas de energia, como luz, calor, eletricidade etc. Esta Substância Etérea forma um elo de conexão entre a Matéria (assim chamada) e a Energia, e participa da natureza de cada uma. Os Ensinamentos Herméticos, no entanto, instruem que este plano tem sete subdivisões (assim como todos os Planos Menores) e que, na verdade, existem sete éteres, em vez de apenas um.

Em seguida, acima do Plano da Substância Etérea vem o Plano da Energia (A), que compreende as formas comuns de Energia conhecidas pela ciência, seus sete subplanos sendo, respectivamente: Calor, Luz, Magnetismo, Eletricidade e Atração (incluindo Gravitação, Coesão, Afinidade Química etc.) e várias outras formas de energia indicadas por experimentos científicos, mas ainda não nomeadas ou classificadas. O Plano da Energia (B) consiste em sete subplanos de formas superiores de energia ainda não descobertas pela ciência, mas que foram denominadas "Forças Mais Sutis da Natureza" e que são chamadas à ação nas manifestações de certas formas de fenômenos mentais e por meio das quais tais fenômenos se tornam possíveis. O Plano da Energia (C) compreende sete subplanos de energia tão altamente organizados que carregam muitas das características de "vida", mas que não são reconhecidos pelas mentes humanas no plano comum de desenvolvimento, estando disponíveis somente para o uso de seres do Plano Espiritual. Tal energia é inimaginável para o ser humano comum e pode ser considerada quase como "poder divino". Os seres que a empregam são como "deuses" quando comparados até mesmo aos tipos humanos mais elevados conhecidos por nós.

O Grande Plano Mental compreende as formas de "seres viventes" conhecidas por nós na vida comum, assim como certas outras formas não tão bem conhecidas, exceto pelos ocultistas. A classificação dos Sete Planos Mentais Inferiores é mais ou menos satisfatória e arbitrária (a menos que acompanhada por explicações elaboradas que são alheias ao propósito desta obra específica), mas podemos também mencioná-los. São os seguintes:

1. O Plano da Mente Mineral
2. O Plano da Mente Elemental (A)
3. O Plano da Mente Vegetal
4. O Plano da Mente Elemental (B)
5. O Plano da Mente Animal
6. O Plano da Mente Elemental (C)
7. O Plano da Mente Humana

O Plano da Mente Mineral abrange os "estados ou condições" das unidades ou entidades, ou grupos e combinações deles, que animam as formas conhecidas por nós como "minerais, substâncias químicas" etc. Essas entidades não devem ser confundidas com as moléculas, átomos e corpúsculos em si, sendo estes últimos apenas os corpos ou formas materiais dessas entidades, assim como o corpo de um ser humano é apenas sua forma material e não "ele". Essas entidades podem ser chamadas de "almas" em um sentido, e são seres vivos de um grau inferior de desenvolvimento, vida e mente; apenas um pouco acima das unidades de "energia viva" que compõem as subdivisões superiores do Plano Físico mais elevado. A opinião comum normalmente não atribui a posse de mente, alma ou vida ao reino mineral, mas todos os ocultistas reconhecem sua existência, e a ciência moderna está se aproximando rapidamente do ponto de vista dos Hermetistas a esse respeito. As moléculas, átomos e corpúsculos têm seus "amores e ódios", "gostos e desgostos", "atrações e repulsões", "afinidades e não afinidades" etc., e algumas das mentes científicas modernas mais ousadas expressaram a opinião de que o desejo e a vontade, as emoções e os sentimentos dos átomos diferem apenas em grau daqueles dos humanos. Não temos tempo nem espaço para discutir esse assunto aqui. Todos os ocultistas sabem que é um fato, e outros são encaminhados a alguns dos trabalhos científicos mais recentes para corroboração externa. Neste plano existem as sete subdivisões habituais.

O Plano da Mente Elemental (A) engloba o estado ou condição e o grau de desenvolvimento mental e vital de uma classe de entidades desconhecidas ao ser humano comum, porém, conhecidas pelos ocultistas. São invisíveis aos sentidos comuns do ser humano, no entanto, existem e desempenham seu papel no Drama do Universo. Seu grau de inteligência fica entre o das entidades minerais e químicas, de um lado, e o das entidades do reino vegetal, de outro. Também há sete subdivisões para este plano.

O Plano da Mente Vegetal, em suas sete subdivisões, inclui os estados ou condições das entidades que compõem os reinos do Mundo Vegetal, cujos fenômenos vitais e mentais são razoavelmente bem compreendidos pela pessoa inteligente comum; muitos trabalhos científicos novos e interessantes sobre a "Mente e Vida nas Plantas" foram publicados na última década. As plantas têm vida, mente e "almas", assim como os animais, os humanos e os super-humanos.

O Plano da Mente Elemental (B), com suas sete subdivisões, compreende os estados e condições de uma forma superior de entidades "elementais" ou invisíveis, que desempenham seu papel no trabalho geral do Universo, cuja mente e vida formam uma parte da escala entre o Plano da Mente Vegetal e o Plano da Mente Animal, as entidades participando da natureza de ambos.

O Plano da Mente Animal, em suas sete subdivisões, engloba os estados e condições das entidades, seres ou almas, animando as formas de vida animal familiares a todos nós. Não é necessário entrar em detalhes sobre este reino ou plano de vida, pois o mundo animal é tão familiar para nós quanto o nosso.

O Plano da Mente Elemental (C), com suas sete subdivisões, abrange as entidades ou seres, invisíveis como são todas essas formas elementais, que participam da natureza da vida animal e humana em algum grau e em certas combinações. As formas mais elevadas são semi-humanas em inteligência.

O Plano da Mente Humana, em suas sete subdivisões, compreende aquelas manifestações de vida e mentalidade que são comuns ao Ser Humano, em seus vários graus, níveis e divisões. A este respeito, desejamos apontar o fato de que o ser humano comum dos tempos atuais ocupa apenas a quarta subdivisão do Plano da Mente Humana, e somente os mais inteligentes cruzaram as fronteiras da Quinta Subdivisão. A espécie precisou de milhões de anos para atingir este estágio, e levará muitos mais para avançar para a sexta e sétima subdivisões e além. Mas, lembre-se de que houve espécies antes de nós que passaram por esses graus, e depois para planos mais elevados. Nossa própria espécie é a quinta (com retardatários da quarta) que pisou no Caminho. E, portanto, há algumas almas avançadas de nossa própria espécie que ultrapassaram as massas, e que avançaram para a sexta e sétima subdivisão, e algumas poucas ainda mais adiante. O homem da Sexta Subdivisão será "O Super-Humano"; o da Sétima Subdivisão será "O Sobre-Humano".

Em nosso exame dos Sete Planos Mentais Inferiores, apenas nos referimos aos Três Planos Elementares em termos gerais. Não desejamos entrar neste assunto em detalhes neste trabalho, pois não pertence a esta parte da filosofia geral e dos ensinamentos. Mas podemos afirmar — para dar aos leitores uma ideia um pouco mais clara das relações desses planos com os mais familiares — que os Planos Elementais se relacionam com os Planos Mentais e da Vida Mineral, Vegetal, Animal e Humana da mesma forma que as teclas pretas do piano são relacionadas às teclas brancas. As teclas brancas são suficientes para produzir música, mas há certas escalas, melodias e harmonias, nas quais as teclas pretas desempenham seu papel, e nas quais sua presença é necessária. Elas também são necessárias como "elos de conexão" de condição da alma; estados de entidade etc., entre os diversos outros planos, certas formas de desenvolvimento sendo alcançadas neles — este último fato fornecendo ao leitor capaz de "ler nas entrelinhas" uma nova luz sobre os processos da Evolução, e uma nova chave para a porta secreta dos "saltos de vida" entre reinos. Os grandes reinos dos Elementais são plenamente reconhecidos por todos os ocultistas, e os escritos esotéricos estão cheios de menções a eles. Os leitores de *Zanoni*, de Bulwer-Lytton, e contos semelhantes reconhecerão as entidades que habitam esses planos de vida.

Passando do Grande Plano Mental para o Grande Plano Espiritual, o que podemos dizer? Como podemos explicar esses estados superiores do Ser, da Vida e da Mente, para mentes ainda incapazes de abarcar e compreender as subdivisões superiores do Plano da Mente Humana? A tarefa é impossível. Podemos falar apenas nos termos mais gerais. Como a Luz pode ser descrita para alguém que nasceu cego; o açúcar, para um homem que nunca provou nada doce; a consonância, para alguém que nasceu surdo?

Tudo o que podemos dizer é que os Sete Planos Menores do Grande Plano Espiritual (cada Plano Menor tendo suas sete subdivisões) englobam Seres que possuem Vida, Mente e Forma tão acima daquela dos Seres Humanos atuais quanto este último está acima da minhoca, mineral ou mesmo de certas formas de Energia ou Matéria. A Vida desses Seres transcende tanto a nossa, que não podemos nem pensar nos detalhes dela; suas mentes transcendem tanto a nossa, que para eles mal parecemos "pensar", e nossos processos mentais parecem quase semelhantes aos processos materiais; a Matéria da qual suas formas são compostas é dos Planos mais elevados da Matéria, não, alguns são até mesmo descritos como "trajados de Energia Pura". O que se pode dizer sobre tais Seres?

Nos Sete Planos Inferiores do Grande Plano Espiritual existem Seres dos quais podemos falar como Anjos; Arcanjos; Semideuses. Nos Planos Menores inferiores habitam aquelas grandes almas que chamamos de Mestres e Adeptos. Acima delas vêm as Grandes Hierarquias das Hostes Angélicas, inimagináveis ao ser humano; e acima delas vêm aqueles que podem ser chamados sem irreverência de "Os Deuses"; eles são tão elevados na escala da Existência, sua existência, inteligência e poder semelhantes aos atribuídos pelos povos humanos às suas concepções de Divindade. Esses Seres estão além até mesmo dos voos mais altos da imaginação humana, a palavra "Divinos" sendo a única aplicável a eles. Muitos desses Seres, assim como as Hostes Angélicas, têm enorme interesse nos assuntos do Universo e desempenham um papel importante em seus assuntos. Essas Divindades Invisíveis e Auxiliares Angélicos estendem sua influência livre e poderosamente, no processo de Evolução e Progresso Cósmico. Sua intervenção e assistência ocasionais em assuntos humanos levaram às diversas lendas, crenças, religiões e tradições da espécie, passadas e presentes. Eles sobrepuseram seu conhecimento e poder ao mundo, repetidas vezes, todos submetidos à Lei do TODO, é claro.

Entretanto, mesmo os mais elevados desses Seres avançados existem meramente como criações da Mente do TODO e estão sujeitos aos Processos Cósmicos e Leis Universais. Eles ainda são Mortais. Podemos chamá-los de "deuses" se quisermos, porém, eles são apenas os Irmãos Mais Velhos da Espécie — as almas avançadas que ultrapassaram seus irmãos, e que renunciaram ao êxtase da Absorção pelo TODO, a fim de auxiliar a espécie em sua jornada ascendente ao longo do Caminho. Contudo, eles pertencem ao Universo e estão sujeitos às suas condições; eles são mortais; e seu plano está abaixo daquele do Espírito Absoluto.

Somente os hermetistas mais avançados são capazes de compreender os Ensinamentos Internos sobre o estado da existência e os poderes manifestados nos Planos Espirituais. Os fenômenos são tão mais elevados do que os dos Planos Mentais que sem dúvida uma confusão de ideias resultaria de uma tentativa de descrevê-los. Somente aqueles cujas mentes foram cuidadosamente treinadas ao longo das linhas da Filosofia Hermética por anos — sim, aqueles que trouxeram consigo de outras encarnações o conhecimento adquirido anteriormente — conseguem compreender com exatidão o que significa o Ensinamento sobre esses Planos Espirituais. E muitos desses Ensinamentos Internos são considerados pelos hermetistas como sendo muito sagrados, importantes e até perigosos demais para serem disseminados para o público geral. O estudante inteligente é capaz de reconhecer o que queremos dizer com isso quando afirmamos que o significado de "Espírito" da maneira que é usado pelos hermetistas é semelhante a "Poder Vivo", "Força Animada", "Essência Interior", "Essência de Vida" etc.; significado que não deve ser confundido com aquele habitual e comumente empregado em conexão com o termo, ou seja, "religioso, eclesiástico, espiritual, etéreo, sagrado" etc. Para os ocultistas, a palavra "Espírito" é usada no sentido de "Princípio Animador", carregando consigo a ideia de Poder, Energia Viva, Força Mística etc. E os ocultistas sabem que aquilo que é conhecido por eles como "Poder Espiritual" pode ser empregado tanto para fins malignos quanto para bons (de acordo com o Princípio da Polaridade), um fato que foi reconhecido pela maioria das religiões em suas concepções de Satanás, Belzebu, o Diabo, Lúcifer, Anjos Caídos etc. E, assim, o conhecimento sobre esses Planos foi mantido no Santo dos Santos em todas as Fraternidades Esotéricas e Ordens Ocultas; na Câmara Secreta do Templo. Todavia, uma coisa pode ser dita aqui: para aqueles que atingiram elevados poderes espirituais e fizeram mal uso deles, um destino terrível está reservado, e o balanço do pêndulo do Ritmo inevitavelmente os lançará de volta ao extremo mais distante da existência Material, de onde deverão refazer seus passos rumo ao Espírito, ao longo das cansativas curvas do Caminho, mas sempre com a tortura adicional de ter constantemente consigo uma lembrança persistente das alturas das quais caíram devido às suas más ações. As lendas dos Anjos Caídos têm uma base em fatos reais, como todos os ocultistas avançados sabem. A busca por poder egoísta nos Planos Espirituais, inevitavelmente, resulta na perda do equilíbrio espiritual da alma egoísta e em sua regressão tanto quanto havia se elevado anteriormente. Mas até mesmo para tal alma, a oportunidade de um retorno é dada — e tais almas fazem a jornada de retorno, pagando a terrível penalidade conforme a Lei invariável.

Concluindo, gostaríamos de lembrá-los mais uma vez de que, de acordo com o Princípio da Correspondência, que contém a verdade: "Assim é acima, como é abaixo; assim é abaixo, como é acima", todos os Sete Princípios Herméticos estão em plena operação em todos os vários planos: Físico, Mental e Espiritual. O Princípio da Substância Mental, é claro, se aplica a todos os planos, pois todos estão contidos na Mente do TODO. O Princípio da Correspondência se manifesta em todos, pois há uma correspondência, harmonia e acordo entre os diversos planos. O Princípio da Vibração se manifesta em todos os planos, de fato, as próprias diferenças que criam os "planos" surgem da Vibração, conforme explicamos. O Princípio da Polaridade se manifesta em todos os planos, os extremos dos Polos sendo aparentemente opostos e contraditórios. O Princípio do Ritmo se manifesta em todos os planos, o movimento dos fenômenos tendo seu fluxo e refluxo, crescente e vazante, entrada e saída. O Princípio da Causa e Efeito se manifesta em todos os planos, todo Efeito tendo sua Causa e toda Causa tendo seu Efeito. O Princípio do Gênero se manifesta em todos os planos, a Energia Criativa estando sempre manifestada e atuando ao longo das linhas de seus Aspectos Masculino e Feminino.

"Assim é Acima, como é Abaixo; assim é Abaixo, como é Acima". Este axioma hermético centenário incorpora um dos grandes Princípios dos Fenômenos Universais. À medida que prosseguimos com nossa consideração dos Princípios restantes, veremos com ainda mais clareza a verdade da natureza universal deste grande Princípio da Correspondência.

CAPÍTULO IX
VIBRAÇÃO

"Nada está imóvel; tudo se move; tudo vibra." — *O Caibalion*

O grande Terceiro Princípio Hermético: o Princípio da Vibração, engloba a verdade de que o Movimento é manifesto em tudo no Universo, que nada está em repouso, que tudo se move, vibra e circula. Este Princípio Hermético foi reconhecido por alguns dos primeiros filósofos gregos que o incorporaram aos seus sistemas. Contudo, por séculos, ele foi esquecido pelos pensadores fora das fileiras herméticas. No entanto, no século XIX, a ciência física redescobriu a verdade e as descobertas científicas do século XX acrescentaram provas adicionais da exatidão e verdade desta doutrina hermética centenária.

Os Ensinamentos Herméticos afirmam que não apenas tudo está em constante movimento e vibração, mas que as "diferenças" entre as várias manifestações do poder universal se devem inteiramente à variação na taxa e no modo das vibrações. Não apenas isso, mas que mesmo o TODO, em si mesmo, manifesta uma vibração constante de grau tão infinito de intensidade e movimento rápido que pode ser praticamente considerada como em repouso, os instrutores direcionando a atenção dos aprendizes para o fato de que, mesmo no plano físico, um objeto que se move depressa (como uma roda girando) parece estar em repouso. Os Ensinamentos explicam que o Espírito está em uma extremidade do Polo de Vibração, no outro Polo estando certas formas extremamente grosseiras de Matéria. Entre esses dois polos estão milhões e milhões de diferentes taxas e modos de vibração.

A Ciência Moderna provou que tudo o que chamamos de Matéria e Energia são apenas "modos de movimento vibratório", e alguns dos cientistas mais avançados estão, bem depressa, aproximando-se das posições dos ocultistas que sustentam que os fenômenos da Mente são, igualmente, modos de vibração ou movimento. Vejamos o que a ciência tem a dizer sobre a questão das vibrações na matéria e na energia.

Em primeiro lugar, a ciência ensina que toda matéria manifesta, em algum grau, as vibrações decorrentes da temperatura ou do calor. Esteja um objeto frio ou quente — sendo ambos apenas graus das mesmas coisas — ele manifesta certas vibrações de calor e, nesse sentido, está em movimento e vibração. Sendo assim, todas as partículas da Matéria estão em movimento circular, do corpúsculo aos sóis. Os planetas giram em torno dos sóis, e muitos deles giram em seus eixos. Os sóis se movem em torno de pontos centrais maiores, e acredita-se que estes se movam em torno de pontos ainda maiores, e assim por diante, infinitamente. As moléculas das quais os tipos específicos de Matéria são compostos estão em um estado de vibração e movimento constantes umas em torno das outras e umas contra as outras. As moléculas são compostas por Átomos que, da mesma maneira, estão em um estado de movimento e vibração constantes. Os átomos são compostos de Corpúsculos, às vezes chamados de "elétrons", "íons" etc., que também estão em um estado de movimento rápido, girando em torno uns dos outros, e que manifestam um estado e modo de vibração muito velozes. E, desse modo, vemos que todas as formas de Matéria manifestam Vibração, de acordo com o Princípio Hermético da Vibração.

E da mesma forma ocorre com as várias formas de Energia. A Ciência ensina que Luz, Calor, Magnetismo e Eletricidade são apenas formas de movimento vibratório conectadas de alguma forma com o Éter e provavelmente emanando dele. A Ciência ainda não tenta explicar a natureza dos fenômenos conhecidos como Coesão, que é o princípio da Atração Molecular, nem a Afinidade Química, que é o princípio da Atração Atômica; nem a Gravitação (o maior mistério dos três) que é o princípio da atração pela qual toda partícula ou massa de Matéria se ligam a toda outra partícula ou massa. Essas três formas de Energia ainda não são compreendidas pela ciência, mas os escritores se inclinam à opinião de que essas também são manifestações de alguma forma de energia vibratória, um fato que os Hermetistas sustentaram e ensinaram através das eras.

O Éter Universal, que é postulado pela ciência sem que sua natureza seja compreendida com clareza, é considerado pelos hermetistas como sendo apenas uma manifestação superior daquilo que é erroneamente chamado de matéria, isto é, Matéria em um grau mais alto de vibração, e é chamado por eles de "A Substância Etérea". Os hermetistas ensinam que esta Substância Etérea é de extrema tenuidade e elasticidade, e permeia o espaço universal, servindo como um meio de transmissão de ondas de energia vibratória, como calor, luz, eletricidade, magnetismo etc. Os Ensinamentos declaram que a Substância Etérea é um elo de conexão entre as formas de energia vibratória conhecidas como "Matéria", por um lado, e "Energia ou Força", por outro; e também que ela manifesta um grau de vibração, em taxa e modo, inteiramente próprio.

Cientistas ofereceram o exemplo de uma roda, pião ou cilindro em movimento rápido, para demonstrar os efeitos do aumento das taxas de vibração. O exemplo supõe uma roda, pião ou cilindro giratório, funcionando a uma baixa taxa de velocidade — chamaremos essa coisa giratória de "o objeto" ao prosseguir com o exemplo. Suponhamos que o objeto se mova lentamente. Ele pode ser visto de imediato, mas nenhum som de seu movimento chega ao ouvido. A velocidade é aumentada gradualmente. Em alguns momentos, seu movimento se torna tão veloz que um ronco profundo ou uma nota baixa pode ser ouvida. Então, conforme a taxa é aumentada, a nota sobe um grau na escala musical. Em seguida, o movimento é aumentado ainda mais; distingue-se a nota mais alta seguinte. Então, uma após a outra, todas as notas da escala musical surgem, se elevando mais e mais conforme o movimento aumenta. Por fim, quando os movimentos atingem uma certa taxa, a nota final perceptível aos ouvidos humanos é alcançada e o grito estridente e penetrante se esvai, e o silêncio se segue. Nenhum som é ouvido vindo do objeto giratório, a taxa de movimento é tão alta que o ouvido humano não consegue registrar as vibrações. Depois, surge a percepção de graus crescentes de Calor. A seguir, depois de um bom tempo, o olho vislumbra o objeto ficando com uma cor avermelhada escura e opaca. Conforme a taxa aumenta, o vermelho se torna mais intenso. Então, conforme a velocidade aumenta, o vermelho se torna um laranja. Depois, o laranja se esvai em amarelo. A seguir vêm, sucessivamente, os tons de verde, azul, índigo e finalmente violeta, conforme a taxa de velocidade aumenta. Então o violeta se esvai, e todas as cores desaparecem, o olho humano incapaz de registrá-las. Mas há raios invisíveis emanando do objeto giratório, os raios que são usados em fotografias e outros raios sutis de luz. Até que começam a se manifestar os raios peculiares conhecidos como "Raios x" etc., conforme a constituição do objeto muda. Eletricidade e Magnetismo são emitidos quando a taxa apropriada de vibração é atingida.

Quando o objeto atinge certa taxa de vibração, suas moléculas se desintegram e se desfazem nos elementos ou átomos originais. Em seguida, os átomos, seguindo o Princípio da Vibração, são separados nos incontáveis corpúsculos dos quais são compostos. E, finalmente, até mesmo os corpúsculos desaparecem e pode-se dizer que o objeto é composto da Substância Etérea. A ciência não ousa seguir o exemplo mais além; porém, os hermetistas ensinam que se as vibrações forem continuamente aumentadas, o objeto avançaria pelos estados sucessivos de manifestação e, por sua vez, manifestaria os vários estágios mentais e, a seguir, rumo ao Espírito, até que, por fim, retornaria ao TODO, que é o Espírito Absoluto. O "objeto", no entanto, teria deixado de ser um "objeto" muito antes que o estágio da Substância Etérea fosse alcançado, mas, fora isso, o exemplo está correto, na medida que demonstra o efeito de taxas e modos de vibração constantemente aumentados. Deve-se lembrar, no exemplo acima, que nos estágios em que o "objeto" emite vibrações de luz, calor etc., ele não se decompõe de fato nessas formas de energia (que são muito mais elevadas na escala), mas apenas que ele atinge um grau de vibração em que essas formas de energia são liberadas, em certo grau, das influências confinantes de suas moléculas, átomos e corpúsculos, conforme o caso. Essas formas de energia, embora muito mais elevadas na escala do que a matéria, são aprisionadas e confinadas nas combinações materiais, em razão das energias que se manifestam por meio de formas materiais, assim ficando emaranhadas e confinadas às suas criações de formas materiais, o que, até certo ponto, é verdade sobre todas as criações, pois a força criadora se envolve em sua criação.

Contudo, os Ensinamentos Herméticos vão muito além daqueles da ciência moderna. Eles ensinam que toda manifestação de pensamento, emoção, razão, vontade ou desejo, ou qualquer estado ou condição mental, são acompanhados por vibrações, uma parte das quais são lançadas fora e tendem a afetar as mentes de outras pessoas por "indução". Este é o princípio que produz os fenômenos de "telepatia", influência mental e outras formas de ação e poder de uma mente sobre outra, com as quais o público em geral está rapidamente se familiarizando, devido à ampla disseminação do conhecimento oculto pelas várias escolas, cultos e professores relacionados nesta época.

Todo pensamento, emoção ou estado mental tem sua frequência e modo de vibração correspondentes. E por um esforço da vontade da pessoa, ou de outras pessoas, esses estados mentais podem ser reproduzidos, da mesma forma que um tom musical pode ser reproduzido fazendo um instrumento vibrar em uma certa frequência — assim como cores podem ser reproduzidas da mesma forma. Pelo conhecimento do Princípio da Vibração, conforme aplicado aos Fenômenos Mentais, uma pessoa pode polarizar a própria mente em qualquer grau que desejar, obtendo desse modo um controle perfeito sobre seus estados mentais, humores etc. Da mesma forma, pode afetar as mentes de outras pessoas, produzindo nelas os estados mentais desejados. Em suma, pode ser capaz de produzir no Plano Mental o que a ciência produz no Plano Físico; a saber, "Vibrações à Vontade". Este poder, é claro, somente pode ser adquirido com a instrução, exercícios, prática etc. apropriados, sendo a ciência da Transmutação Mental um dos ramos da Arte Hermética.

Uma pequena reflexão sobre o que expusemos revelará ao estudante que o Princípio da Vibração fundamenta os maravilhosos fenômenos do poder manifestado pelos Mestres e Adeptos, que são capazes de aparentemente deixar de lado as Leis da Natureza, mas que, na realidade, estão apenas aplicando uma lei contra outra; um princípio contra outros; e que alcançam seus resultados mudando as vibrações de objetos materiais ou formas de energia e, desse modo, realizam o que é comumente denominado "milagres".

Como um dos antigos escritores herméticos declarou com honestidade: "Aquele que compreende o Princípio da Vibração, obteve o cetro do Poder".

CAPÍTULO X
POLARIDADE

"Tudo é Dual; tudo tem polos; tudo tem seu par de opostos; igual e desigual são a mesma coisa; os opostos são idênticos em natureza, mas diferentes em grau; os extremos se encontram; todas as verdades são apenas meias verdades; todos os paradoxos podem ser reconciliados." — *O Caibalion*

O grande Quarto Princípio Hermético: o Princípio da Polaridade representa a verdade de que todas as coisas manifestadas contêm "dois lados", "dois aspectos", "dois polos", um "par de opostos" com múltiplos graus entre os dois extremos. Os antigos paradoxos, que sempre deixaram a mente humana perplexa, são explicados pela compreensão deste Princípio. O ser humano sempre reconheceu algo semelhante a este Princípio e se esforçou para expressá-lo por ditados, máximas e aforismos como os seguintes: "Tudo é e não é, ao mesmo tempo"; "todas as verdades são apenas meias-verdades"; "toda verdade é meio falsa"; "há dois lados para tudo"; "todo escudo tem seu lado reverso" etc.

Os Ensinamentos Herméticos declaram, com efeito, que a diferença entre coisas que aparentam ser diametralmente opostas umas às outras é somente uma questão de grau. Ensinam que "os pares de opostos podem ser reconciliados", e que "tese e antítese são idênticas em natureza, mas diferentes em grau"; e que a "reconciliação universal dos opostos" é efetuada pelo reconhecimento deste Princípio da Polaridade. Os professores afirmam que exemplos deste Princípio podem ser obtidos por todos os lados e com um exame da verdadeira natureza de qualquer coisa. Eles começam demonstrando que Espírito e Matéria são apenas os dois polos da mesma coisa, os planos intermediários sendo meramente graus de vibração. Eles demonstram que O TODO e Os Muitos são a mesma coisa, a diferença é uma mera questão de grau de Manifestação Mental. Portanto, a LEI e as Leis são os dois polos opostos de uma coisa. Da mesma forma, PRINCÍPIO e Princípios. Mente Infinita e mentes finitas.

Passando então para o Plano Físico, eles exemplificam o Princípio apontando que Calor e Frio são idênticos em natureza, as diferenças sendo somente uma questão de graus. O termômetro mostra muitos graus de temperatura, o polo mais baixo sendo nomeado "frio" e o mais alto "calor". Entre esses dois polos há muitos graus de "calor" ou "frio", chame-os de qualquer um e estará igualmente correto. O mais alto dos dois graus é sempre "mais quente", enquanto o mais baixo é sempre "mais frio". Não há um padrão absoluto; tudo é uma questão de grau. Não há lugar no termômetro onde o calor cessa e o frio começa. É tudo uma questão de vibrações mais altas ou mais baixas. Os próprios termos "alto" e "baixo" que somos compelidos a usar, são apenas polos da mesma coisa; os termos são relativos. O mesmo ocorre com "Leste e Oeste"; viajando ao redor do mundo em direção ao Leste, alcança-se um ponto que passa a ser chamado Oeste no ponto de partida, e retorna-se desse ponto a Oeste. Quem viaja o suficiente rumo ao Norte vê-se viajando rumo ao Sul, ou vice-versa.

Luz e Escuridão são polos da mesma coisa, com muitos graus entre eles. A escala musical é a mesma, começando com "Dó" sobe-se até chegar a outro "Dó" e assim por diante; as diferenças entre as duas extremidades do tabuleiro são as mesmas, com muitos graus entre os dois extremos. A escala de cores é a mesma — vibrações mais altas e mais baixas são a única diferença entre o ultravioleta e o infravermelho. Grande e Pequeno são relativos. Assim como Ruído e Silêncio; Rígido e Flexível seguem a regra. Igualmente, Afiado e Embotado. Positivo e Negativo são dois polos da mesma coisa, com incontáveis graus entre eles.

Bem e Mal não são absolutos; declaramos uma ponta da escala Boa e a outra Má, ou uma ponta Bem e a outra Mal, conforme o uso dos termos. Uma coisa é "menos boa" do que a coisa mais elevada na escala; porém, essa coisa "menos boa", por sua vez, é "mais boa" do que a coisa imediatamente abaixo e assim por diante, sendo o "mais ou menos" regulado pela posição na escala.

E assim é no Plano Mental. "Amor e Ódio" são em geral considerados coisas diametralmente opostas uma à outra; totalmente diferentes;

irreconciliáveis. No entanto, aplicando o Princípio da Polaridade, descobrimos que não existe Amor Absoluto ou Ódio Absoluto, distintos um do outro. Ambos são simplesmente termos aplicados aos dois polos da mesma coisa. Começando em qualquer ponto da escala, encontramos "mais amor" ou "menos ódio", à medida que subimos a escala; e "mais ódio" ou "menos amor" à medida que descemos, sendo isso verdade não importa a partir de qual ponto, alto ou baixo, se comece. Há graus de Amor e Ódio, e há um ponto médio onde "Igual e Desigual" se tornam tão sutis que é difícil distingui-los. Coragem e Medo cumprem a mesma regra. Os Pares de Opostos existem em todos os lugares. Onde se encontra uma coisa, encontra-se seu oposto — os dois polos.

E é esse fato que permite ao Hermetista transmutar um estado mental em outro, segundo as regras da Polarização. Coisas pertencentes a classes diferentes não podem ser transmutadas umas nas outras, mas coisas da mesma classe podem ser mudadas, ou seja, podem ter sua polaridade alterada. Assim, o Amor nunca se transforma em Leste ou Oeste, nem em Vermelho ou Violeta; mas pode se transformar, e com frequência se transforma, em Ódio; da mesma forma, o Ódio pode ser transformado em Amor, pela mudança de sua polaridade. Coragem pode ser transmutada em Medo, e vice-versa. Coisas Rígidas podem ser tornadas Flexíveis. Coisas Embotadas se tornam Afiadas. Coisas Quentes se tornam Frias. E assim por diante, a transmutação sempre ocorrendo entre coisas do mesmo tipo de graus diferentes. Considerem o caso de uma pessoa Medrosa. Ao elevar suas vibrações mentais ao longo do eixo Medo-Coragem, ela pode ser preenchida com o mais alto grau de Coragem e Destemor. E, da mesma forma, a pessoa Preguiçosa pode se transformar em um indivíduo Ativo e Enérgico apenas pela polarização ao longo do eixo da qualidade desejada.

O estudante que está familiarizado com os processos por meio dos quais as várias escolas de Ciência Mental e afins efetuam mudanças nos estados mentais daqueles que seguem seus ensinamentos, pode não compreender de imediato o princípio subjacente a muitas dessas mudanças. No entanto, uma vez que o Princípio da Polaridade é compreendido, e vê-se que as mudanças mentais são ocasionadas por uma mudança de polaridade — um correr ao longo da mesma escala — a questão é prontamente compreendida. A mudança não é da natureza de uma transmutação de uma coisa em outra completamente diferente — trata-se unicamente de uma mudança de grau nas mesmas coisas, uma diferença significativamente importante. Por exemplo, tomando emprestada uma analogia do Plano Físico, é impossível transformar Calor em Agudeza, Sonoridade, Elevação etc., mas Calor pode ser facilmente transmutado em Frio, apenas diminuindo as vibrações. Da mesma forma, Ódio e Amor são mutuamente transmutáveis; bem como Medo e Coragem. Contudo, Medo não pode ser transformado em Amor, nem Coragem pode ser transmutada em Ódio. Os estados mentais pertencem a inúmeras classes, cada uma das classes possui seus polos opostos, ao longo dos quais a transmutação é possível.

O aprendiz reconhecerá facilmente que, nos estados mentais, assim como nos fenômenos do Plano Físico, os dois polos podem ser classificados como Positivo e Negativo, respectivamente. Assim, o Amor é Positivo para o Ódio; a Coragem para o Medo; a Atividade para a Inatividade e assim por diante. E também será notado que, mesmo para aqueles não familiarizados com o Princípio da Vibração, o polo Positivo parece ser de grau mais elevado do que o Negativo e imediatamente o domina. A Natureza tende para a direção da atividade dominante do polo Positivo.

Além da mudança dos polos dos próprios estados mentais pela aplicação da arte da Polarização, os fenômenos da Influência Mental, em suas múltiplas fases, nos mostram que o princípio pode ser estendido para abranger os fenômenos da influência de uma mente sobre outras, sobre os quais tanto tem sido escrito e ensinado nos últimos anos. Quando se compreende que a Indução Mental é possível, isto é, que estados mentais podem ser produzidos por "indução" de outros, então podemos ver de imediato como certo nível de vibração ou polarização de um estado mental pode ser comunicado a outra pessoa, e sua polaridade naquela classe de estados mentais assim alterada. É por meio deste princípio que os resultados de muitos dos "tratamentos mentais" são obtidos. Por exemplo, uma pessoa está "deprimida", melancólica e temerosa. Um cientista mental, elevando a própria mente à vibração desejada por sua vontade treinada e, dessa maneira, obtendo a polarização desejada em seu próprio caso, em seguida, produz um estado mental similar na outra pessoa por indução, resultando na elevação das vibrações e na polarização da pessoa em direção à extremidade Positiva da escala em vez da

Negativa, e seu Medo e outras emoções negativas são transmutadas em Coragem e estados mentais positivos similares. Um pequeno estudo mostrará a você que essas mudanças mentais quase todas ocorrem ao longo da linha da Polarização, a mudança sendo de grau e não de tipo.

Um conhecimento da existência deste grande Princípio Hermético permitirá ao estudante compreender melhor os próprios estados mentais, e os de outras pessoas. Ele entenderá que estes estados são todos questões de grau e, enxergando assim, será capaz de elevar ou reduzir a vibração à vontade; mudar seus polos mentais, e dessa maneira ser Mestre de seus estados mentais, em vez de ser seu servo e escravo. E, por meio deste conhecimento, será capaz de auxiliar seus companheiros de maneira inteligente e usando os métodos apropriados mudar a polaridade quando for desejável. Aconselhamos todos os estudantes a se familiarizarem com este Princípio da Polaridade, pois uma compreensão correta dela lançará luz sobre muitos assuntos difíceis.

CAPÍTULO XI
RITMO

"Tudo flui, indo e vindo; tudo tem suas marés; todas as coisas sobem e descem; a oscilação do pêndulo se manifesta em tudo; a distância do balanço para a direita é a distância do balanço para a esquerda; o ritmo compensa." — *O Caibalion*

O grande Quinto Princípio Hermético — o Princípio do Ritmo — descreve a verdade de que em tudo se manifesta um movimento preciso; um movimento de vai e vem; um fluxo e refluxo; um balanço para frente e para trás; um movimento semelhante ao de um pêndulo; um ir e vir semelhante a uma maré; uma cheia e uma vazante; entre os dois polos manifestados nos planos físico, mental ou espiritual. O Princípio do ritmo está intimamente conectado ao Princípio da Polaridade descrito no capítulo anterior. O ritmo se manifesta entre os dois polos estabelecidos pelo Princípio da Polaridade. Entretanto, isto não quer dizer que o pêndulo do Ritmo oscila para os polos extremos, pois isso raramente ocorre. Na verdade, é difícil determinar os polos opostos extremos na maioria dos casos. Mas o balanço é sempre "em direção" primeiro a um polo e depois ao outro.

Há sempre uma ação e reação; um avanço e um recuo; uma ascensão e uma submersão; manifestados em todos os ares e fenômenos do Universo. Sóis, mundos, seres humanos, animais, plantas, minerais, forças, energia, mente e matéria, sim, até mesmo o Espírito, manifestam este Princípio. O Princípio se manifesta na criação e destruição de mundos; na ascensão e queda de nações; na história de vida de todas as coisas; e por último nos estados mentais do Ser Humano.

Começando com as manifestações do Espírito — do TODO — nota-se que há sempre a Efusão e a Infusão; a "Expiração e Inspiração de Brahma", como os brâmanes nomeiam. Universos são criados, alcançam seu ponto inferior de materialidade e, então, iniciam seu balanço ascendente. Sóis surgem e, depois de alcançado o auge de sua potência, inicia-se o processo de retrocesso, e depois de séculos, eles se tornam massas mortas de matéria, aguardando outro impulso que reinicie a atividade de suas energias internas e um novo ciclo de vida solar começa. E assim é com todos os mundos; eles nascem, crescem e morrem; apenas para renascer. E o mesmo ocorre com todas as coisas que possuem conteúdo e forma; elas oscilam da ação à reação; do nascimento à morte; da atividade à inatividade — e depois retornam de novo. Assim é com todas as coisas vivas; elas nascem, crescem e morrem e em seguida renascem. Assim ocorre com todos os grandes movimentos, filosofias, credos, modas, governos, nações e tudo mais — nascimento, crescimento, maturidade, decadência, morte e, então, um novo nascimento. O movimento do pêndulo é sempre evidente.

A noite segue o dia; e o dia segue a noite. O pêndulo oscila do verão ao inverno, e depois retorna. Os corpúsculos, átomos, moléculas e todas as massas de matéria oscilam em torno do círculo de sua natureza. Não existe repouso absoluto ou cessação do movimento, e todo movimento possui ritmo. O princípio é de aplicação universal. Pode ser aplicado a qualquer questão ou fenômeno de qualquer um dos muitos planos da vida. Pode ser aplicado a todas as fases da atividade humana. Há sempre o balanço rítmico de um polo ao outro. O pêndulo universal está sempre em movimento. As Marés da Vida fluem, indo e vindo, conforme a lei.

O Princípio do ritmo é bem compreendido pela ciência moderna e é considerado uma lei universal aplicada às coisas materiais. Todavia, os Hermetistas levam o princípio muito além, e sabem que suas manifestações e influência se estendem às atividades mentais do Homem, e que ele é responsável pela sucessão desconcertante de humores, sentimentos e outras mudanças irritantes e desconcertantes que notamos em nós mesmos. Contudo, os Hermetistas, através do estudo das operações deste Princípio, aprenderam a escapar de algumas de suas atividades por meio da Transmutação.

Os Mestres Herméticos, tendo há muito descoberto que, embora o Princípio do Ritmo fosse invariável e sempre evidente nos fenômenos mentais, ainda havia dois planos de sua manifestação no que diz respeito aos fenômenos mentais. Descobriram que havia dois planos gerais de Consciência, o Inferior e o Superior; a compreensão deste fato os capacitou a se elevar ao plano superior e, desse modo, escapar da oscilação do pêndulo do Ritmo que se manifestava no plano inferior. Em outras palavras, o balanço do pêndulo ocorria no Plano Inconsciente, e a Consciência não era afetada. A isso chamam de Lei da Neutralização. Suas operações consistem em elevar o Ego acima das vibrações do Plano Inconsciente da atividade mental, de modo que o balanço negativo do pêndulo não se manifeste na consciência e, assim, não sejam afetados. É semelhante a se elevar acima de alguma coisa e permitir que ela passe por baixo de si. O Mestre Hermético, ou estudante avançado, polariza-se no polo desejado, e por um processo semelhante à "recusa" a participar da oscilação contrária ou, se preferir, uma "negação" de sua influência sobre ele, permanece firme em sua posição polarizada, e permite que o pêndulo mental oscile de volta no plano inconsciente. Todos os indivíduos que atingiram algum grau de autodomínio realizam isso, mais ou menos inconscientemente, e ao se recusarem a permitir que seus humores e estados mentais negativos os afetem, aplicam a Lei da Neutralização. O Mestre, porém, leva isso a um grau muito mais alto de proficiência, e utilizando sua Vontade, atinge um grau de Equilíbrio e Firmeza Mental quase inacreditável por aqueles que se permitem ser levados para lá e para cá pelo pêndulo mental dos humores e sentimentos.

A importância disto será apreciada por qualquer pessoa pensante que perceba que a maioria das pessoas são criaturas de humores, sentimentos e emoções, e quão pouco domínio de si mesmas elas manifestam. Se pararem para refletir por um momento, perceberão o quanto essas oscilações do Ritmo afetaram sua vida — como um período de Entusiasmo foi invariavelmente seguido por um sentimento e humor opostos de Depressão. Da mesma forma, seus humores e períodos de Coragem foram sucedidos por humores equivalentes de Medo. E assim sempre ocorreu com a maioria das pessoas; marés de sentimento sempre se elevaram e caíram com elas, porém, elas jamais suspeitaram da causa ou razão dos fenômenos mentais. Uma compreensão do funcionamento deste Princípio dará a uma pessoa a chave para o Domínio dessas oscilações rítmicas de sentimento, e a capacitará a se conhecer melhor e a evitar ser levada por esses influxos e refluxos. A Vontade é superior à manifestação consciente deste Princípio, embora o Princípio em si nunca possa ser destruído. Podemos escapar de seus efeitos, mas o Princípio atua apesar disto. O pêndulo sempre oscila, embora possamos escapar de sermos levados por ele.

Há outras características da operação deste Princípio do Ritmo que desejamos abordar neste ponto. Faz parte de suas operações o que é conhecido como Lei da Compensação. Uma das definições ou significados da palavra "Compensar" é "contrabalançar", que é o sentido em que os hermetistas usam o termo. É a esta Lei da Compensação a que *O Caibalion* se refere quando declara: "A distância do balanço para a direita é a distância do balanço para a esquerda; o ritmo compensa".

A Lei da Compensação postula que o balanço em uma direção determina o balanço na direção oposta, ou para o polo oposto — um equilibra, ou contrabalança, o outro. No Plano Físico, vemos muitos exemplos desta Lei. O pêndulo do relógio oscila uma certa distância para a direita e, em seguida, uma distância igual para a esquerda. As estações se equilibram da mesma maneira. As marés seguem a mesma Lei. E a mesma Lei se manifesta em todos os fenômenos do Ritmo. O pêndulo, tendo uma breve oscilação em uma direção, tem apenas uma breve oscilação na outra; enquanto a oscilação longa para a direita sempre significa a oscilação longa para a esquerda. Um objeto arremessado para cima a uma certa altura tem uma distância igual para percorrer em seu retorno. A força com a qual um projétil é lançado um quilômetro para cima é reproduzida quando o projétil retorna à Terra em seu trajeto de retorno. Esta Lei é constante no Plano Físico, como a consulta às autoridades reconhecidas lhes mostrará.

Os hermetistas, porém, ampliam isso ainda mais. Ensinam que os estados mentais de uma pessoa estão sujeitos à mesma Lei. A pessoa que desfruta intensamente está sujeita a um sofrimento intenso; enquanto aquela que sente pouca dor é capaz de sentir pouca alegria. O porco sofre pouco mentalmente e desfruta pouco; ele é compensado. E, por outro lado, há outros animais que desfrutam intensamente, mas cujo organismo e temperamento nervoso os fazem sofrer graus intensos de dor, e assim é com o Ser Humano. Há temperamentos que permitem apenas baixos níveis de prazer e níveis igualmente baixos de sofrimento; enquanto há outros que permitem o prazer mais intenso, mas também o sofrimento mais intenso. A regra é que a capacidade para a dor e o prazer, em cada indivíduo, sejam equilibradas. A Lei da Compensação atua plenamente aqui.

Todavia, os hermetistas vão ainda mais longe nessa questão. Ensinam que antes que alguém seja capaz de desfrutar de certo nível de prazer, deve ter oscilado o mais longe, proporcionalmente, em direção ao outro polo de sentimento. Sustentam, no entanto, que o Negativo precede o Positivo nessa questão, ou seja, ao experimentar certo nível de prazer não se pensa que terá que "pagar por isso" com um nível correspondente de dor; pelo contrário, o prazer é o balanço rítmico, de acordo com a Lei da Compensação, para um nível de dor previamente vivenciado na vida presente ou em uma encarnação anterior. Isso lança uma nova luz sobre o Problema do Sofrimento.

Os hermetistas consideram a cadeia de vidas como contínua e como parte de uma vida do indivíduo, de modo que, como consequência, a oscilação rítmica é compreendida dessa maneira, enquanto não teria sentido a menos que se admitisse a verdade da reencarnação.

No entanto, os hermetistas alegam que o Mestre ou aprendiz avançado é capaz, em grande medida, de escapar da oscilação em direção ao Sofrimento, por meio do processo de Neutralização antes mencionado. Ao ascender ao plano superior do Ego, evita-se e escapa-se de muitas das experiências que ocorrem àqueles que habitam o plano inferior.

A Lei da Compensação desempenha um papel importante na vida de homens e mulheres. Nota-se que, em geral, "pagamos o preço" por qualquer coisa que possuímos ou da qual carecemos. Se temos uma coisa, falta-nos outra — o equilíbrio é atingido. Ninguém pode "guardar sua moeda e ter o pedaço de bolo" ao mesmo tempo. Tudo tem seus lados agradáveis e desagradáveis. As coisas que ganhamos são sempre pagas com as coisas que perdemos. Os ricos possuem muitas das coisas que os pobres não têm, enquanto os pobres frequentemente possuem coisas que estão fora do alcance dos ricos. O milionário pode apreciar banquetes e a riqueza com a qual garante todas as iguarias e luxos da mesa, enquanto lhe falta o apetite para desfrutar do mesmo; ele inveja o apetite e a digestão do trabalhador que não tem a riqueza e as preferências do milionário, e que obtém mais prazer de sua comida simples do que o milionário poderia obter mesmo que seu apetite não estivesse cansado, nem sua digestão arruinada, pois as necessidades, hábitos e inclinações diferem. E assim é pela vida. A Lei da Compensação está sempre em ação, esforçando-se para balancear e contrabalançar, e sempre obtendo sucesso com o tempo, mesmo que várias vidas possam ser necessárias para o retorno do Pêndulo do Ritmo.

CAPÍTULO XII
CAUSALIDADE

"Toda Causa tem seu Efeito; todo Efeito tem sua Causa; tudo acontece conforme a Lei; o Acaso é apenas um nome dado para uma Lei não reconhecida; há muitos planos de causalidade, mas nada escapa à Lei."— *O Caibalion*

O grande Sexto Princípio Hermético — o Princípio da Causa e Efeito — implica a verdade de que a Lei permeia o Universo; que nada acontece por Acaso; que o Acaso é apenas um termo que indica uma causa existente, porém, não reconhecida ou percebida; que os fenômenos são contínuos, ininterruptos e sem exceção.

O Princípio da Causa e Efeito fundamenta todo pensamento científico, antigo e moderno, e foi enunciado pelos Professores Herméticos nos primórdios. Embora muitas e variadas disputas entre as muitas escolas de pensamento tenham surgido desde então, essas disputas têm sido principalmente sobre os detalhes das operações do Princípio, e com ainda mais frequência sobre o significado de certas palavras. O Princípio subjacente da Causa e Efeito foi aceito como correto por praticamente todos os pensadores do mundo dignos de serem chamados assim. Pensar de outra forma seria tirar os fenômenos do universo do domínio da Lei e da Ordem, e relegá-los ao controle do algo imaginário que os homens nomearam "Acaso".

Uma pequena reflexão mostrará a qualquer um que de fato não existe nada como puro acaso. O *Dicionário Webster* define a palavra "Acaso" da seguinte forma: "Um suposto agente ou modo de atividade diferente de uma força, lei ou propósito; a ação ou atividade de tal agente; o suposto efeito de tal agente; um acontecimento, uma conjuntura, uma casualidade etc". No entanto, uma breve consideração lhe mostrará que não pode haver um agente como o "Acaso", no sentido de algo fora da Lei, algo além de Causa e Efeito. Como poderia existir algo atuando no universo fenomênico, independente das leis, ordem e continuidade deste último? Tal coisa seria inteiramente independente da tendência ordenada do universo e, portanto, superior a ele. Não podemos imaginar nada além do TODO que esteja alheio à Lei, e isso somente porque o TODO é a própria LEI. Não há espaço no universo para algo fora e independente da Lei. A existência de tal Algo tornaria todas as Leis Naturais ineficazes e mergulharia o universo em desordem caótica e ilegalidade.

Um exame cuidadoso mostrará que o que chamamos de "Acaso" é meramente uma expressão relacionada a causas obscuras; causas que não conseguimos perceber; causas que não podemos entender. A palavra Acaso, em inglês *chance*, deriva-se de uma palavra que significa "cair" (como a queda de dados), a ideia é que a queda dos dados (e muitos outros acontecimentos) são apenas um "acontecimento" sem relação com nenhuma causa. E este é o sentido em que o termo é normalmente empregado. Mas quando o assunto é examinado de perto, vê-se que não há acaso algum na queda dos dados. Cada vez que um dado cai e mostra determinado número, ele obedece a uma lei tão infalível quanto aquela que governa a revolução dos planetas ao redor do sol. Por trás da queda do dado estão causas, ou cadeias de causas, que se estendem muito além do que a mente é capaz de acompanhar. A posição do dado na caixa, a quantidade de energia muscular despendida na jogada, a condição da mesa, etc. todas são causas, cujo efeito pode ser visto. Todavia, por trás dessas causas visíveis há cadeias de causas precedentes invisíveis, todas as quais influenciaram o número do dado que caiu para cima.

Se um dado for lançado um grande número de vezes, se descobrirá que os números mostrados serão aproximadamente iguais, isto é, haverá um número igual de um ponto, dois pontos, assim por diante, na face superior. Atirando-se uma moeda no ar, ela pode cair em "cara" ou "coroa"; mas fazendo-se um número suficiente de lançamentos, e as caras e coroas ficarão quase empatadas. Esta é a operação da lei da média. Mas tanto a média quanto o lançamento único estão sob a Lei da Causa e Efeito, e se fôssemos capazes de examinar as causas precedentes, veríamos com clareza que era simplesmente impossível que o dado caísse de outra forma, sob as mesmas circunstâncias e no mesmo momento.

Dadas as mesmas causas, os mesmos resultados ocorrerão. Há sempre uma "causa" e um "porquê" para cada evento. Nada nunca "acontece" sem uma causa, ou melhor, uma cadeia de causas.

Certa confusão surgiu nas mentes das pessoas que consideraram este Princípio, por elas não conseguirem explicar como uma coisa poderia causar outra, isto é, ser a "criadora" da segunda coisa. Na verdade, nenhuma "coisa" jamais causa ou "cria" outra "coisa". Causa e Efeito lidam tão somente com "eventos". Um "evento" é "aquilo que vem, chega ou ocorre como resultado ou consequência de algum evento precedente". Nenhum evento "cria" outro evento, mas é unicamente um elo precedente na grande cadeia ordenada de eventos que fluem da energia criativa do TODO. Há uma continuidade entre todos os eventos precedentes, consequentes e subsequentes. Existe uma relação entre tudo o que ocorreu antes e tudo o que se segue. Uma pedra é desalojada de uma encosta de montanha e atravessa o telhado de uma casa de campo no vale abaixo. À primeira vista, consideramos isto um efeito do acaso, porém, quando examinamos a questão, encontramos uma grande cadeia de causas por trás disso. Em primeiro lugar, houve a chuva que amoleceu a terra que sustentava a pedra e que permitiu que ela caísse; por trás disso havia a influência do sol, de outras chuvas, etc. que gradualmente desintegraram o pedaço de rocha de um pedaço maior; antes disso, havia as causas que levaram à formação da montanha, e sua elevação por convulsões da natureza, e assim por diante infinitamente. Por outro lado, poderíamos seguir as causas por trás da chuva etc. Depois, poderíamos refletir sobre a existência do telhado. Em suma, logo nos encontraríamos envolvidos em uma malha de causa e efeito, da qual logo nos esforçaríamos para nos livrar.

Da mesma maneira que uma pessoa tem dois pais, quatro avós, oito bisavós e dezesseis tataravós, e assim por diante até que, digamos, quarenta gerações são calculadas, o número de ancestrais chega a muitos milhões — assim é com o número de causas por trás até mesmo do mais insignificante evento ou fenômeno, como a passagem de uma minúscula partícula de fuligem diante de seus olhos. Não é fácil rastrear a partícula de fuligem até o período inicial da história do mundo, quando ela fazia parte de um enorme tronco de árvore, que depois foi convertido em carvão, e assim por diante, até que, como grão de fuligem, agora passa diante de seus olhos a caminho de outras aventuras. E uma poderosa cadeia de eventos, causas e efeitos, a trouxe à sua condição atual, e o último é apenas um da cadeia de eventos que produzirá outros eventos daqui centenas de anos. Uma das séries de eventos decorrentes da minúscula partícula de fuligem foi a escrita dessas linhas, que fez com que o tipógrafo realizasse determinado trabalho e que o revisor fizesse o mesmo; e que despertará certos pensamentos em sua mente, e na de outras pessoas, que por sua vez afetarão outras, e assim por diante, além da capacidade humana de imaginar; e tudo a partir da passagem de um grãozinho de fuligem, tudo isso mostra a relatividade e a associação das coisas, e o fato adicional de que "não há grande nem pequeno na mente que causa tudo".

Pare para refletir por um momento. Se determinado homem não tivesse conhecido certa moça, lá atrás no período obscuro da Idade da Pedra, você que está lendo estas linhas agora não estaria aqui. E se, talvez, o mesmo casal não tivesse se conhecido, nós que agora escrevemos estas linhas não estaríamos aqui agora. E o próprio ato de escrever, de nossa parte, e o ato de ler, da sua, afetará não apenas as nossas respectivas vidas, mas também terá um efeito direto ou indireto sobre muitas outras pessoas que vivem agora e que viverão nas eras vindouras. Todos os nossos pensamentos, todas as nossas ações têm seus resultados diretos e indiretos que se encaixam na grande cadeia da Causa e Efeito.

Não desejamos entrar em uma discussão sobre o Livre Arbítrio, ou Determinismo, nesta obra por diversas razões. Entre as várias razões, a principal é que nenhum dos lados da controvérsia está inteiramente certo; de fato, ambos os lados estão parcialmente certos conforme os Ensinamentos Herméticos. O Princípio da Polaridade demonstra que ambos são apenas Meias-Verdades, os polos opostos da Verdade. Os Ensinamentos apontam que um homem pode ser Livre e, ao mesmo tempo, limitado pela Necessidade, dependendo do significado dos termos e do ponto da Verdade a partir do qual a questão é analisada. Os escritores antigos expressam o assunto da seguinte maneira: "Quanto mais distante a criação está do Centro, mais ela é limitada; quanto mais próxima do Centro está, mais Livre é".

A maioria das pessoas é mais ou menos escrava da hereditariedade, do ambiente etc., e manifesta muito pouca Liberdade. São influenciadas pelas opiniões, costumes e ideias do mundo exterior, e também por suas emoções, sentimentos, humores etc. Elas não manifestam Maestria que mereça este nome. Elas negam indignadas essa afirmação, declarando: "Ora, eu com certeza sou livre para agir e fazer o que eu desejo; eu faço apenas o que tenho vontade de fazer", mas falham em explicar de onde surgem o "desejo" e a "vontade de fazer". O que as faz "desejar" fazer uma coisa em detrimento da outra; o que as faz "ter vontade" de fazer isso e não aquilo? Acaso não há um "porque" para seu "desejar" e "ter vontade"? O Mestre pode mudar esses "desejar" e "ter vontade" em outros na extremidade oposta do polo mental. Ele é capaz de "desejar ter vontade", em vez de desejar porque algum sentimento, humor, emoção ou sugestão do ambiente desperta uma tendência ou desejo dentro dele de assim fazê-lo.

A maioria das pessoas é carregada como a pedra que cai, obediente ao ambiente, influências externas e humores internos, desejos etc., sem falar dos desejos e vontades de outras pessoas mais fortes do que elas, da hereditariedade, do ambiente e da sugestão, carregando-as sem resistência de sua parte, ou o exercício de sua Vontade. Movidas feito peões no tabuleiro de xadrez da vida, desempenham seus papéis e são colocadas de lado após o fim do jogo. Os Mestres, porém, conhecendo as regras do jogo, elevam-se acima do plano da vida material e entrando em contato com os poderes superiores de sua natureza, dominam os próprios humores, caráter, qualidades e polaridade, bem como o ambiente que os cerca e, desse modo, tornam-se Movimentadores no jogo em vez de Peões — Causas em vez de Efeitos. Os Mestres não escapam da Causalidade dos planos superiores, mas trabalham com as leis superiores e, assim, dominam as circunstâncias no plano inferior. Eles, portanto, formam uma parte consciente da Lei, em vez de serem meros instrumentos inconscientes. Enquanto Servem nos Planos Superiores, Governam no Plano Material.

Todavia, no superior e no inferior, a Lei sempre opera. O Acaso não existe. A deusa cega foi abolida pela Razão. Somos capazes de ver agora, com olhos esclarecidos pelo conhecimento, que tudo é governado pela Lei Universal — que as infinitas leis são apenas manifestações da Grande Lei Única, a LEI que é o TODO. É verdade, de fato, que nem um pardal cai sem que seja percebido pela Mente do TODO, que até os cabelos da nossa cabeça são contados, como disseram as escrituras. Não há nada fora da Lei; nada que aconteça contrário a ela. E, no entanto, não cometa o erro de supor que o Ser Humano é apenas um autômato inconsciente, longe disso. Os Ensinamentos Herméticos afirmam que o Ser Humano pode usar a Lei para superar as leis, e que o superior sempre prevalecerá sobre o inferior, até que enfim ele tenha alcançado o estágio em que busca refúgio na própria LEI e escarnece das leis fenomênicas. Conseguem compreender o significado intrínseco disso?

CAPÍTULO XIII
GÊNERO

"O gênero está em tudo; tudo tem seus Princípios Masculino e Feminino; o gênero se manifesta em todos os planos." — *O Caibalion*

O grande Sétimo Princípio Hermético — o Princípio do Gênero — revela a verdade de que há Gênero manifestado em tudo, que os princípios Masculino e Feminino estão sempre presentes e ativos em todas as fases dos fenômenos, em todo e qualquer plano da vida. Neste ponto, achamos bom chamar sua atenção para o fato de que Gênero, em seu sentido hermético, e Sexo, no uso comumente aceito do termo, não são a mesma coisa.

A palavra "Gênero" é derivada da raiz latina que significa "gerar; procriar; criar; produzir". Uma breve consideração revelará que a palavra tem um significado muito mais amplo e geral do que o termo "Sexo", este último se referindo às distinções físicas entre seres vivos masculinos e femininos. Sexo é apenas uma manifestação do Gênero em certo plano do Grande Plano Físico, o plano da vida orgânica. Desejamos reforçar essa distinção em suas mentes, porque certos escritores, que adquiriram um conhecimento superficial da Filosofia Hermética, buscaram identificar este Sétimo Princípio Hermético com teorias e ensinamentos absurdos e fantasiosos, e muitas vezes repreensíveis, a respeito do Sexo.

O ofício do Gênero é unicamente o de criar, produzir, gerar etc., e suas manifestações são visíveis em todos os planos de fenômenos. É um tanto difícil produzir provas disto ao longo de linhas científicas, porque a ciência ainda não reconheceu a aplicação universal deste Princípio. Não obstante, algumas provas estão surgindo de fontes científicas. Em primeiro lugar, encontramos uma manifestação distinta do Princípio do Gênero entre os corpúsculos, íons ou elétrons, que constituem a base da Matéria como a ciência agora a conhece, e que ao fazer certas combinações formam o Átomo, que até recentemente era considerado definitivo e indivisível.

A última palavra da ciência é que o átomo é composto de uma multidão de corpúsculos, elétrons ou íons (os vários nomes utilizados por diferentes autoridades) girando em torno uns dos outros e vibrando em alto grau e intensidade. Todavia, ao mesmo tempo, declara-se que o átomo, na verdade, é formado pelo agrupamento de corpúsculos negativos em torno de um positivo — os corpúsculos positivos parecendo exercer certa influência sobre os corpúsculos negativos, fazendo com que estes últimos formem determinadas combinações e, desse modo, "criem" ou "gerem" um átomo. Isso está de acordo com os mais antigos Ensinamentos Herméticos, que sempre identificaram o princípio Masculino do Gênero com o "Positivo" e do Feminino com os Polos "Negativos" da Eletricidade (assim chamados).

Agora, neste ponto, uma palavra a respeito desta identificação. A mente pública formou uma impressão inteiramente errônea sobre as qualidades do chamado polo "Negativo" da Matéria eletrificada ou magnetizada. Os termos Positivo e Negativo são muito erroneamente aplicados pela ciência a este fenômeno. A palavra Positivo significa algo real e forte, em comparação a uma irrealidade ou fraqueza Negativa. Nada está mais distante dos fatos reais do fenômeno elétrico. O chamado polo Negativo da bateria é, na verdade, o polo no qual e pelo qual a geração ou produção de novas formas e energias se manifesta. Não há nada de "negativo" nele. As maiores autoridades científicas atuais utilizam o termo "Cátodo", no lugar de "Negativo", a palavra Cátodo tem origem na raiz grega que significa "descida; o caminho da geração etc". Do polo Catódico emerge o enxame de elétrons ou corpúsculos; do mesmo polo emergem aqueles maravilhosos "raios" que revolucionaram as concepções científicas durante a última década. O polo catódico é a Mãe de todos os fenômenos estranhos que tornaram inúteis os antigos livros didáticos e que fizeram com que muitas teorias há muito aceitas fossem relegadas à pilha de sucata da especulação científica. O Cátodo, ou Polo Negativo, é o Princípio Materno dos Fenômenos Elétricos e das formas da matéria mais sofisticadas até então conhecidas pela ciência. Compreendem, então, que temos razão para nos recusar a usar o termo "Negativo" em nossas observações sobre o assunto e em insistir na substituição do termo antigo pela palavra "Feminino". Os fatos do caso nos apoiam nisso, não considerando os Ensinamentos Herméticos. Portanto, usaremos a palavra "Feminino" no lugar de "Negativo" ao nos referirmos a esse polo de atividade.

Os ensinamentos científicos mais recentes afirmam que os corpúsculos criativos ou elétrons são Femininos (a ciência diz "são compostos de eletricidade negativa"; nós declaramos que são compostos de energia Feminina). Um corpúsculo Feminino se desprende de, ou melhor, deixa, um corpúsculo Masculino, e começa uma nova carreira. Busca ativamente uma união com um corpúsculo Masculino, sendo instado a isso pelo impulso natural de criar novas formas de Matéria ou Energia. Um autor chega a usar os termos "imediatamente busca, por vontade própria, uma união" etc. Esse desapego e união formam a base da maior parte das atividades do mundo químico. Quando o corpúsculo Feminino se une a um corpúsculo Masculino, um certo processo é iniciado. As partículas Femininas vibram depressa sob a influência da energia Masculina, e circulam, velozes, em torno desta última. O resultado é o nascimento de um novo átomo. Este novo átomo é de fato composto por uma união dos elétrons Masculino e Feminino, ou corpúsculos, mas quando a união se forma, o átomo é uma coisa à parte, tendo certas propriedades, mas não mais manifestando a propriedade da eletricidade livre. O processo de desprendimento ou separação dos elétrons Femininos é chamado de "ionização". Esses elétrons, ou corpúsculos, são os trabalhadores mais ativos no campo da Natureza. Surgindo de suas uniões, ou combinações, manifestam-se os diversos fenômenos de luz, calor, eletricidade, magnetismo, atração, repulsão, afinidade química e os fenômenos inversos e similares. E tudo isso se origina da ação do Princípio do Gênero no plano da Energia.

O papel do princípio Masculino parece ser o de direcionar certa energia inerente em direção ao princípio Feminino, e assim iniciar a atividade dos processos criativos. Contudo, o princípio Feminino é aquele que sempre realiza o trabalho criativo ativo; e o mesmo ocorre em todos os planos. E apesar disso, cada princípio é incapaz de gerar energia operativa sem o auxílio do outro. Em algumas das formas de vida, ambos os princípios estão combinados em um organismo. Por esse motivo, tudo no mundo orgânico manifesta ambos os gêneros — há sempre o Masculino presente na forma Feminina, e a forma Feminina na Masculina. Os Ensinamentos Herméticos contemplam muito sobre a atuação dos dois princípios do Gênero na produção e manifestação de várias formas de energia etc., mas não consideramos conveniente entrar em detalhes sobre o assunto neste momento, porque somos incapazes de respaldá-lo com provas científicas, porque a ciência ainda não progrediu a esse ponto. No entanto, o exemplo que lhes fornecemos dos fenômenos dos elétrons ou corpúsculos demonstrará que a ciência está no caminho certo e também lhes dará uma ideia geral dos princípios subjacentes.

Alguns importantes investigadores científicos anunciaram sua convicção de que na formação de cristais pode-se encontrar algo correspondente à "atividade sexual", que é outra pista indicando a direção na qual os ventos da ciência estão soprando. E cada ano trará outros fatos para corroborar a exatidão do Princípio Hermético do Gênero. Será descoberto que o Gênero está em constante operação e manifestação no campo da matéria inorgânica e no campo da Energia ou Força. A eletricidade é agora amplamente considerada como o "Algo" no qual todas as outras formas de energia parecem se mesclar ou dissolver. A "Teoria Elétrica do Universo" é a doutrina científica mais recente e está ganhando popularidade e aceitação geral rapidamente. E, portanto, segue-se que se formos capazes de descobrir nos fenômenos da eletricidade — até mesmo na própria raiz e fonte de suas manifestações — uma evidência clara e inconfundível da presença do Gênero e de suas atividades, teremos motivos para pedir que os leitores acreditem que a ciência finalmente forneceu provas da existência em todos os fenômenos universais daquele grande Princípio Hermético: o Princípio do Gênero.

Não é necessário tomar seu tempo com os fenômenos bem conhecidos da "atração e repulsão" dos átomos, da afinidade química, dos "amores e ódios" das partículas atômicas, da atração ou coesão entre as moléculas da matéria. Esses fatos são bem conhecidos demais para precisar de comentários extensos da nossa parte. Todavia, já consideraram que todas essas coisas são manifestações do Princípio do Gênero? Não conseguem perceber que o fenômeno está em consonância com o dos corpúsculos ou elétrons? E, mais do que isso, não conseguem ver a razoabilidade dos Ensinamentos Herméticos que afirmam que a própria Lei da Gravitação — aquela estranha atração devido à qual todas as partículas e corpos de matéria no universo tendem uns aos outros — é apenas outra manifestação do Princípio do Gênero, que age atraindo as energias Masculinas para as Femininas, e vice-versa? Não podemos lhes oferecer provas científicas disto neste momento; no entanto, analisem os fenômenos à luz dos Ensinamentos Herméticos sobre o assunto e vejam se não têm uma hipótese de trabalho melhor do que qualquer uma oferecida pela ciência física. Submetendo todos os fenômenos físicos ao teste, percebemos o Princípio do Gênero sempre em evidência.

Passemos agora a uma consideração da operação do Princípio no Plano Mental. Muitas características interessantes aguardam investigação.

CAPÍTULO XIV
GÊNERO MENTAL

Estudantes de psicologia que acompanharam a tendência moderna de pensamento com relação aos fenômenos mentais são surpreendidos pela persistência da ideia da mente dual que se manifestou com tanta intensidade nos últimos dez ou quinze anos, e que originou uma série de teorias plausíveis sobre a natureza e constituição dessas "duas mentes". O falecido Thomson J. Hudson alcançou grande popularidade em 1893 ao propor sua bem conhecida teoria das "mentes objetiva e subjetiva" que ele afirmava existir em cada indivíduo. Outros autores atraíram quase a mesma atenção com teorias sobre as "mentes consciente e subconsciente"; as "mentes voluntária e involuntária"; as "mentes ativa e passiva", entre outras. As teorias dos vários autores diferem umas das outras, porém, permanece o princípio subjacente da "dualidade da mente".

O estudante da Filosofia Hermética fica tentado a sorrir quando lê e ouve sobre essas muitas "novas teorias" a respeito da dualidade da mente, cada escola aderindo intensamente às próprias teorias, e cada uma declarando ter "descoberto a verdade". O estudante vira as páginas da história oculta, e lá atrás, nos obscuros primórdios dos ensinamentos ocultos, encontra referências à antiga doutrina hermética do Princípio do Gênero no Plano Mental; a manifestação do Gênero Mental. E verificando mais a fundo, descobre que a antiga filosofia tomou conhecimento do fenômeno da "mente dual" e o explicou por meio da teoria do Gênero Mental. Essa ideia de Gênero Mental pode ser explicada em poucas palavras para os aprendizes familiarizados com as teorias modernas que acabamos de mencionar. O Princípio Masculino da Mente corresponde à chamada Mente Objetiva; Mente Consciente; Mente Voluntária; Mente Ativa etc. E o Princípio Feminino da Mente corresponde à chamada Mente Subjetiva; Mente Subconsciente; Mente

Involuntária; Mente Passiva etc. É claro que os Ensinamentos Herméticos não concordam com as muitas teorias modernas sobre a natureza das duas fases da mente, nem aceitam muitos dos fatos reivindicados para cada um dos respectivos aspectos; algumas das ditas teorias e reivindicações são absurdas demais e incapazes de resistir ao teste do experimento e da demonstração. Apontamos para as fases de concordância apenas com o propósito de ajudar o aluno a assimilar seu conhecimento previamente adquirido com os ensinamentos da Filosofia Hermética. Os alunos de Hudson notarão a declaração no início de seu segundo capítulo de *A Lei dos Fenômenos Psíquicos*, que: "O jargão místico dos filósofos herméticos revela a mesma ideia geral", quer dizer, a dualidade da mente. Se o doutor Hudson tivesse se dado ao trabalho de decifrar um pouco do "jargão místico dos filósofos herméticos", talvez tivesse recebido muita luz sobre o assunto da "mente dual"; entretanto, talvez, seu trabalho mais interessante não tivesse sido escrito. Consideremos agora os Ensinamentos Herméticos sobre o Gênero Mental.

Os Professores Herméticos transmitem suas instruções quanto a este assunto orientando que seus alunos analisem o relato da própria consciência sobre seu Ego. Os alunos são orientados a voltar sua atenção para dentro, para o Ego que habita no interior de cada um. Cada aluno é levado a ver que sua consciência lhe dá primeiro um relato da existência de seu Ego; o relato é: "Eu Sou". A princípio, estas parecem ser as últimas palavras da consciência, porém, um exame um pouco mais aprofundado revela o fato de que este "Eu Sou" pode ser separado ou dividido em duas partes ou aspectos distintos que, embora trabalhando em uníssono e em conjunção, ainda assim, podem ser separados na consciência.

Embora a princípio pareça existir apenas um "Eu", um exame mais cuidadoso e detalhado revela o fato de que existe um "Eu" e um "Mim". Esses gêmeos mentais diferem em suas características e natureza, e um exame de sua natureza e dos fenômenos que surgem da mesma lançará muita luz sobre muitos dos problemas da influência mental.

Vamos começar com uma consideração do Mim, que normalmente é confundido com o Eu pelo estudante, até que ele avance a investigação um pouco além até os recantos da consciência. Uma pessoa pensa em seu Ego (em seu aspecto de Mim) como sendo composto de certos sentimentos, gostos, preferências, desgostos, hábitos, laços peculiares, características etc., tudo isso compondo sua personalidade, ou o "Eu" conhecido por ela e pelos outros. Ela sabe que essas emoções e sentimentos mudam, nascem e morrem; estão sujeitos ao Princípio do Ritmo e ao Princípio da Polaridade, que a levam de um extremo de sentimento a outro. Ela também pensa no "Mim" como sendo determinado conhecimento reunido em sua mente e, portanto, formando parte de si mesmo. Este é o "Mim" de uma pessoa.

Contudo, avançamos depressa demais. É possível afirmar que o "Mim" de muitas pessoas consiste em grande parte de sua consciência do corpo, de seus apetites físicos etc. Uma vez que sua consciência está, em grande parte, ligada à sua natureza corporal, elas praticamente "vivem ali". Algumas pessoas chegam a considerar suas vestimentas pessoais como parte de seu "Mim" e de fato parecem considerá-las parte de si mesmas. Um escritor declarou de forma bem-humorada que "os seres humanos são constituídos por três partes: alma, corpo e roupas". Essas pessoas "conscientes das roupas" perderiam sua personalidade se fossem despojadas de suas roupas por selvagens no caso de um naufrágio. Contudo, mesmo muitos que não estão tão intimamente ligados à ideia das vestimentas pessoais se apegam bastante à consciência de seus corpos como seu "Mim". Não conseguem conceber um Ego independente do corpo. Sua mente parece-lhes ser concretamente "algo pertencente" ao seu corpo — o que em muitos casos é verdade.

Entretanto, à medida que o ser humano ascende na escala da consciência, torna-se capaz de desembaraçar seu "Mim" de sua noção de corpo e é capaz de pensar em seu corpo como "pertencente à" sua parte mental. Apesar disso, estará bastante apto a identificar o "Mim" totalmente com os estados mentais, sentimentos etc. que sente existirem em seu interior. É muito capaz de considerar esses estados internos como idênticos a si mesmo, em vez de serem simplesmente "coisas" produzidas por alguma parte de sua mentalidade e que existem dentro de si — que lhe pertencem, estão dentro dele, porém, não são "ele mesmo". Entende que consegue mudar esses estados internos de sentimentos com todo esforço da vontade e que consegue produzir um sentimento ou estado de natureza exatamente oposta da mesma maneira; ainda assim, o mesmo "Mim" existe. Sendo assim, depois de algum tempo, torna-se capaz de deixar de lado esses vários estados mentais, emoções, sentimentos, hábitos, qualidades, características e outros pertences mentais pessoais — torna-se capaz de deixá-los de lado na coleção do "não eu" de curiosidades e estorvos, bem como de posses valiosas. Isto requer grande concentração mental e poder de análise mental por parte do aprendiz. Ainda assim, porém, a tarefa está ao alcance do aluno avançado, e mesmo aqueles não tão avançados são capazes de ver, na imaginação, como o processo pode ser realizado.

Após esse processo de deixar de lado ter sido realizado, o estudante se encontrará em posse consciente de um "Ego" que pode ser considerado em seus aspectos duais "Eu" e "Mim". O "Mim" será sentido como um Algo mental no qual pensamentos, ideias, emoções, sentimentos e outros estados mentais podem ser produzidos. Pode ser considerado como o "útero mental", como os antigos o denominavam, capaz de gerar prole mental. Ele se reporta à consciência como um "Mim" com poderes latentes de criação e geração de prole mental de todos os tipos e espécies. Seus poderes de energia criativa são sentidos como imensos. No entanto, parece estar consciente de que deve receber alguma forma de energia de seu companheiro "Eu", ou então de algum outro "Eu", antes que seja capaz de trazer à existência suas criações mentais. Essa consciência traz consigo a percepção de uma enorme capacidade de trabalho mental e habilidade criativa.

O estudante, porém, logo descobre que isso não é tudo o que ele encontra em sua consciência interior. Ele descobre que existe um Algo mental que é capaz de Desejar que o "Eu" aja segundo certas linhas criativas, e que também é capaz de colocar-se à parte e testemunhar a criação mental. Ensinam-lhe a chamar essa parte de si mesmo seu "Eu". Ele é capaz de repousar em sua consciência à vontade. Não encontra ali uma consciência de uma habilidade de gerar e criar ativamente, no sentido do processo gradual que acompanha as operações mentais, mas sim, um senso e consciência de uma habilidade de projetar uma energia do "Eu" para o "Mim" — um processo de "desejar" que a criação mental comece e prossiga. Ele também descobre que o "Eu" é capaz de colocar-se à parte e testemunhar as operações da criação e geração mental do "Mim". Esse aspecto dual existe na mente de todas as pessoas. O "Eu" representa o Princípio Masculino do Gênero Mental; o "Mim" representa o Princípio Feminino. O "Eu" representa o Aspecto do Ser; o "Mim" o Aspecto do Tornar-se. Nota-se que o Princípio da Correspondência opera neste plano tal como opera no grande plano em que a criação dos Universos é realizada. Os dois são similares em espécie, embora vastamente diferentes em grau. "Assim é acima, como é abaixo; assim é abaixo, como é acima".

Esses aspectos da mente — os Princípios Masculino e Feminino; o "Eu" e o "Mim" — analisados em conexão com os fenômenos mentais e psíquicos bem conhecidos, fornecem a chave-mestra para essas regiões vagamente conhecidas de operação e manifestação mental. O princípio do Gênero Mental concede a verdade subjacente a todo o campo dos fenômenos de influência mental etc.

A tendência do Princípio Feminino é sempre na direção de receber impressões, enquanto a tendência do Princípio Masculino é sempre na direção de conceder ou expressar. O Princípio Feminino tem um campo de operação muito mais variado do que o Princípio Masculino. O Princípio Feminino conduz o trabalho de gerar novos pensamentos, conceitos, ideias, incluindo o trabalho da imaginação. O Princípio Masculino se contenta com o trabalho da "Vontade" em suas variadas fases. E ainda assim, sem a ajuda ativa da Vontade do Princípio Masculino, o Princípio Feminino tende a se contentar em gerar imagens mentais que são o resultado de impressões recebidas de fora, em vez de produzir criações mentais originais.

Pessoas que podem dedicar atenção e pensamento contínuos a um assunto empregam ativamente ambos os Princípios Mentais — o Feminino trabalhando na geração mental, e a Vontade Masculina estimulando e energizando a porção criativa da mente. A maioria das pessoas realmente de fato emprega o Princípio Masculino, mas pouco, e se contenta em viver de acordo com os pensamentos e ideias instilados no "Mim" pelo "Eu" de outras mentes. Entretanto, não é nosso propósito nos determos nessa fase do tema, que pode ser estudada com qualquer bom livro didático sobre psicologia, com a chave que lhes fornecemos a respeito do Gênero Mental.

O estudante de Fenômenos Psíquicos está ciente dos fenômenos maravilhosos classificados sob o título de Telepatia, Transferência de Pensamentos, Influência Mental, Sugestão, Hipnotismo etc. Muitos buscaram uma explicação para essas várias fases de fenômenos sob as teorias dos diversos professores da "mente dual". E em certa medida eles estão certos, pois há claramente uma manifestação de duas fases distintas de atividade mental. Contudo, se esses estudantes considerarem essas "mentes duais" à luz dos Ensinamentos Herméticos sobre Vibrações e Gênero Mental, verão que a chave há muito procurada está à mão.

Nos fenômenos da Telepatia, vê-se como a Energia Vibratória do Princípio Masculino é projetada em direção ao Princípio Feminino de outra pessoa, e este último pega o pensamento-semente e permite que se desenvolva até a maturidade. A Sugestão e o Hipnotismo operam da mesma forma. O Princípio Masculino da pessoa que dá as sugestões direciona um fluxo de Energia Vibratória ou Força da Vontade em direção ao Princípio Feminino da outra pessoa, e esta última, aceitando-o, torna-o seu e age e pensa de acordo com ele. Uma ideia assim alojada na mente de outra pessoa cresce e se desenvolve, e com o tempo é considerada como legítima prole mental do indivíduo, enquanto na realidade é igual ao ovo do cuco posto no ninho do pardal, onde destrói a prole legítima e se faz em casa. O método normal é que os Princípios Masculino e Feminino na mente de uma pessoa se coordenem e atuem, em harmonia, em conjunto um com o outro; porém, infelizmente, o Princípio Masculino na pessoa média é preguiçoso demais para agir — a demonstração da Força da Vontade é diminuta demais — e a consequência é que tais pessoas são governadas quase que por completo pelas mentes e vontades de outras pessoas, a quem permitem que pensem e desejem por elas. Quão poucos pensamentos originais ou ações originais são realizados pela pessoa média? Por acaso a maioria das pessoas não é mera sombra e eco de outras com vontades ou mentes mais fortes do que elas? O problema é que a pessoa média habita quase por completo em sua consciência "Mim" e não percebe que tem algo como um "Eu". Ela está polarizada em seu Princípio Feminino da Mente, e o Princípio Masculino, no qual está alojada a Vontade, é deixado inativo e não empregado.

Os homens e mulheres fortes do mundo invariavelmente manifestam o Princípio Masculino da Vontade, e sua força depende materialmente desse fato. Em vez de viverem das impressões provocadas em suas mentes por outros, eles dominam as próprias mentes pela própria Vontade, obtendo o tipo de imagens mentais desejadas e, além disso, dominam as mentes de outras pessoas da mesma maneira. Observe como as pessoas fortes conseguem implantar suas semente-pensamentos nas mentes das multidões, fazendo com que estas pensem de acordo com os desejos e vontades dos indivíduos fortes. Por essa razão as multidões são tão semelhantes a ovelhas, nunca gerando uma ideia própria, nem usando os próprios poderes de atividade mental.

A manifestação do Gênero Mental pode ser notada ao nosso redor na vida cotidiana. As pessoas magnéticas são aquelas capazes de utilizar o Princípio Masculino para incutir suas ideias nas outras pessoas. O ator que faz as pessoas chorarem ou gritarem como ele deseja está empregando este princípio. E assim o fazem o bem-sucedido orador, estadista, pregador, escritor ou outras pessoas que estão diante da atenção do público. A influência peculiar exercida por algumas pessoas sobre outras deve-se à manifestação do Gênero Mental, ao longo das linhas Vibracionais acima indicadas. Neste princípio está o segredo do magnetismo pessoal, influência pessoal, fascínio etc., bem como os fenômenos geralmente agrupados sob o nome de Hipnotismo.

O estudante que se familiarizou com os fenômenos geralmente chamados de "psíquicos" terá descoberto o importante papel desempenhado nos ditos fenômenos por aquela força que a ciência denominou "Sugestão", termo que significa o processo ou método por meio do qual uma ideia é transferida para, ou "infundida" na mente de outra pessoa, fazendo com que a segunda mente aja de acordo com ela. Uma compreensão correta da Sugestão é necessária para compreender com inteligência os variados fenômenos psíquicos subjacentes à Sugestão. Todavia, é ainda mais necessário um conhecimento da Vibração e do Gênero Mental para o estudante da Sugestão. Pois todo o princípio da Sugestão depende dos princípios do Gênero Mental e da Vibração.

É costume que os autores e professores da Sugestão expliquem que é a mente "objetiva ou voluntária" que provoca a impressão mental, ou sugestão, sobre a mente "subjetiva ou involuntária". Mas eles não descrevem o processo nem nos dão qualquer analogia da natureza por meio da qual possamos compreender mais facilmente a ideia. Entretanto, quando se pensa no assunto à luz dos Ensinamentos Herméticos, é possível ver que a energização do Princípio Feminino pela Energia Vibratória do Princípio Masculino está de acordo com as leis universais da natureza, e que o mundo natural oferece inúmeras analogias pelas quais o princípio pode ser compreendido. De fato, os Ensinamentos Herméticos revelam que a própria criação do Universo segue a mesma lei, e que em todas as manifestações criativas, nos planos espiritual, mental e físico, está sempre em operação este princípio do Gênero, esta manifestação dos Princípios Masculino e Feminino. "Assim é acima, como é abaixo; assim é abaixo, como é acima". E, mais do que isso, uma vez que o princípio do Gênero Mental é apreendido e compreendido, os variados fenômenos da psicologia imediatamente se tornam passíveis de classificação e estudo inteligentes, em vez de ficarem obscurecidos. O princípio "funciona" na prática, porque é baseado nas leis universais imutáveis da vida.

Não entraremos em uma discussão ou descrição extensa dos variados fenômenos de influência mental ou atividade psíquica. Há muitos livros, vários deles muito bons, que foram escritos e publicados sobre esse assunto nos últimos anos. Os principais fatos relatados nesses vários livros estão corretos, embora os diversos autores tenham tentado explicar os fenômenos por meio de várias teorias próprias. O aprendiz pode se familiarizar com esses assuntos e, utilizando a teoria do Gênero Mental, será capaz de trazer ordem ao caos de teorias e ensinamentos conflitantes; além disso, poderá facilmente se tornar um mestre do assunto, caso assim deseje. O propósito deste trabalho não é fazer um relato extenso dos fenômenos psíquicos, mas sim dar ao aluno uma chave-mestra com a qual ele possa destrancar as muitas portas que levam às partes do Templo do Conhecimento que ele possa desejar explorar. Sentimos que nesta reflexão dos ensinamentos de *O Caibalion*, é possível encontrar uma explicação que servirá para dissipar muitas dificuldades desconcertantes; uma chave que destrancará muitas portas. Qual é a utilidade de entrar em detalhes sobre todas as muitas características dos fenômenos psíquicos e da ciência mental, contanto que coloquemos nas mãos do estudante os meios pelos quais ele pode se familiarizar por completo com qualquer fase do assunto que lhe interesse. Com o auxílio de *O Caibalion*, pode-se retornar a qualquer biblioteca oculta, a antiga Luz do Egito iluminando muitas páginas escuras e assuntos obscuros. Esse é o propósito deste livro. Não viemos expor uma nova filosofia, mas, sim, delinear os contornos de um grande ensinamento mundial antigo que tornará claros os ensinamentos de outros, que servirá como um Grande Reconciliador de teorias divergentes e doutrinas opostas.

CAPÍTULO XV
AXIOMAS HERMÉTICOS

"A posse do Conhecimento, a menos que seja acompanhada por uma manifestação e expressão por meio da Ação, é como acumular metais preciosos, vã e tola. O Conhecimento, assim como a riqueza, é destinado ao Uso. A Lei do Uso é Universal, e aquele que a viola sofre por estar em conflito com as forças naturais." — *O Caibalion*

Os Ensinamentos Herméticos, embora sempre tenham sido mantidos trancados em segurança nas mentes de seus afortunados possuidores, por razões que já explicamos, nunca foram destinados a serem apenas armazenados e mantidos em segredo. A Lei do Uso é abordada nos Ensinamentos, como se pode ver referenciado na citação acima de *O Caibalion*, que a declara categoricamente. Conhecimento sem Uso e Expressão é uma coisa vã, não traz nenhum bem àquele que o possui, ou à espécie. Cuidado com a Avareza Mental, e expresse em Ação aquilo que você aprendeu. Estude os Axiomas e Aforismos, mas também pratique-os.

Apresentamos a seguir alguns dos Axiomas Herméticos mais importantes, de *O Caibalion*, com alguns comentários acrescentados a cada um. Os leitores devem torná-los seus, praticá-los e usá-los, pois não são seus, de fato, até que os tenham utilizado.

"Para mudar seu humor ou estado mental, mude sua vibração."— *O Caibalion*

É possível mudar suas vibrações mentais por um esforço da Vontade, voltando deliberadamente a Atenção para um estado mais desejável. A Vontade direciona a Atenção, e a Atenção muda a Vibração. Cultive a Arte da Atenção por meio da Vontade, e terá resolvido o segredo da Maestria sobre os Humores e Estados Mentais.

"Para destruir um nível indesejável de vibração mental, aplique o princípio da Polaridade e concentre-se no polo oposto ao que deseja suprimir. Mate o indesejável mudando sua polaridade."
— *O Caibalion*

Esta é uma das Fórmulas Herméticas mais importantes. Ela se baseia em princípios científicos verdadeiros. Nós lhes mostramos que um estado mental e seu oposto são apenas os dois polos de uma coisa só, e que pela Transmutação Mental a polaridade poderia ser invertida. Este Princípio é conhecido por psicólogos modernos, que o aplicam na eliminação de hábitos indesejáveis ao orientar seus alunos a se concentrarem na qualidade oposta. Caso estejam tomados pelo Medo, não percam tempo tentando "matar" o Medo, em vez disso, cultivem a qualidade da Coragem, e o Medo desaparecerá. Alguns escritores expressaram essa ideia mais enfaticamente usando o exemplo do quarto escuro. Não é necessário remover ou afastar a Escuridão, basta apenas abrir as venezianas e deixar a Luz entrar, e a Escuridão desaparece. Para eliminar uma qualidade Negativa, concentre-se no Polo Positivo dessa mesma qualidade, e as vibrações mudarão gradualmente de Negativas para Positivas, até que por fim se polarize no polo Positivo em vez do Negativo. O inverso também é verdade, como muitos descobriram em sua tristeza, quando se permitiram vibrar muito constantemente no polo Negativo das coisas. Ao mudar sua polaridade, é possível dominar seus humores, mudar seus estados mentais, refazer sua disposição e construir caráter. Grande parte da Maestria Mental dos Hermetistas avançados se deve a essa aplicação da Polaridade, que é um dos aspectos importantes da Transmutação Mental. Lembre-se do Axioma Hermético (citado anteriormente), que diz:

"A mente (assim como os metais e elementos) pode ser transmutada, de estado a estado; de grau a grau; de condição a condição; de polo a polo; de vibração a vibração." — *O Caibalion*

O domínio da Polarização é o domínio dos princípios fundamentais da Transmutação Mental ou da Alquimia Mental, pois, a menos que uma pessoa aprenda a arte de mudar a própria polaridade, será incapaz de afetar seu ambiente. Uma compreensão deste princípio permitirá a uma pessoa que mude a própria Polaridade, bem como a de outras pessoas, se ao menos dedicar o tempo, atenção, estudo e prática necessários para dominar a arte. O princípio é verdadeiro, mas os resultados obtidos dependem da paciência e prática persistentes do aluno.

> "O ritmo pode ser neutralizado com a aplicação da Arte da Polarização." — *O Caibalion*

Como explicamos em capítulos anteriores, os hermetistas defendem que o Princípio do Ritmo se manifesta no Plano Mental, bem como no Plano Físico, e que a sucessão desconcertante de humores, sentimentos, emoções e outros estados mentais se devem à oscilação de um lado para o outro do pêndulo mental, que nos leva de um extremo de sentimento a outro. Os hermetistas também ensinam que a Lei da Neutralização permite que uma pessoa, em grande parte, supere a ação do Ritmo na consciência. Como explicamos, há um Plano Superior da Consciência, bem como o Plano Inferior comum, e o Mestre, ao elevar-se mentalmente ao Plano Superior, faz com que o balanço do pêndulo mental se manifeste no Plano Inferior, e ele, habitando o Plano Superior, escapa da consciência do balanço de retorno. Isso é efetuado pela polarização no Eu Superior, elevando-se assim as vibrações mentais do Ego acima daquelas do plano comum de consciência. É como elevar-se acima de uma coisa e permitir que ela passe abaixo de si. O Hermetista avançado polariza-se no Polo Positivo do seu Ser — o polo do "Eu Sou" em vez do polo da personalidade e, "recusando" e "negando" a operação do Ritmo, eleva-se acima de seu plano de consciência e, mantendo-se firme em sua Declaração de Ser, permite que o pêndulo oscile de volta para o Plano Inferior sem alterar sua Polaridade. Todos os indivíduos que alcançaram algum grau de autodomínio são capazes de fazê-lo, quer compreendam a lei ou não. Essas pessoas simplesmente se "recusam" a se permitir serem levadas de volta pelo pêndulo do humor e da emoção e, ao afirmar com firmeza sua superioridade, permanecem polarizadas no polo Positivo. O Mestre, é claro, atinge um grau muito maior de proficiência, porque ele compreende a lei que está superando com uma lei superior e, pelo uso de sua Vontade, atinge um grau de Equilíbrio e Firmeza Mental quase inacreditável para aqueles que se permitem ser sacudidos para lá e para cá pelo pêndulo mental dos humores e sentimentos.

No entanto, é necessário lembrar sempre que não se destrói de verdade o Princípio do Ritmo, pois ele é indestrutível. Apenas se sobrepuja uma lei contrabalançando-a com outra e, dessa forma, mantém-se um equilíbrio. As leis do equilíbrio e da compensação operam nos planos mental e físico, e compreender essas leis permite que uma pessoa pareça derrubar leis, quando, na verdade, está apenas aplicando um contrapeso.

> "Nada escapa ao Princípio da Causa e Efeito, mas há muitos Planos de Causalidade, e é possível usar as leis do plano superior para superar as leis do plano inferior." — *O Caibalion*

Compreendendo a prática da Polarização, os Hermetistas se elevam a um plano superior de Causalidade e, desse modo, contrabalançam as leis dos planos inferiores de Causalidade. Ao se elevarem acima do plano das Causas comuns, eles se tornam, em certo grau, Causas em vez de apenas Sofrerem Causas. Ao serem capazes de dominar os próprios humores e sentimentos, e ao serem capazes de neutralizar o Ritmo, como já explicamos, tornam-se capazes de escapar de grande parte das ações de Causa e Efeito no plano comum. As multidões são carregadas, obedientes ao seu ambiente; às vontades e desejos de outras pessoas mais fortes do que elas; aos efeitos de tendências herdadas; às sugestões das pessoas ao seu redor e a outras causas externas; que tendem a movê-las no tabuleiro de xadrez da vida como meros peões. Ao se elevarem acima dessas causas influenciadoras, os Hermetistas avançados buscam um plano superior de ação mental e, ao dominar seus humores, emoções, impulsos e sentimentos, criam para si mesmos um novo caráter, novas qualidades e novos poderes, por meio dos quais superam seu ambiente comum e, assim, tornam-se praticamente jogadores em vez de meros Peões. Essas pessoas ajudam a jogar o jogo da vida com entendimento, em vez de serem movidas de um lado para outro por influências, poderes e vontades mais fortes. Elas utilizam o Princípio da Causa e Efeito, em vez de serem utilizadas por ele. É claro, mesmo os mais elevados estão sujeitos ao Princípio conforme ele se manifesta nos planos superiores, porém, nos planos inferiores de atividade, são Mestres em vez de Escravos. Como diz *O Caibalion*:

"Os sábios servem no superior, mas governam no inferior. Obedecem às leis que vêm de cima, mas em seu próprio plano, e naqueles abaixo, eles governam e dão ordens. E, ainda assim, ao fazê-lo, formam uma parte do Princípio, em vez de se opor a ele. O sábio age em conformidade com a Lei e, ao entender seus movimentos, a opera em vez de ser seu escravo cego. Assim como o nadador habilidoso vira para um lado e para o outro, indo e vindo como desejar, em vez de ser como o tronco que é carregado para lá e para cá — desse modo é o homem sábio em comparação ao homem comum — e, mesmo assim, tanto o nadador quanto o tronco; o homem sábio e o tolo estão sujeitos à Lei. Aquele que compreende isso está avançado no caminho para a Maestria." — *O Caibalion*

Em conclusão, permitam-nos mais uma vez chamar sua atenção para o Axioma Hermético:

"A verdadeira Transmutação Hermética é uma Arte Mental."
— *O Caibalion*

No axioma acima, os hermetistas ensinam que o grande trabalho de influenciar o próprio ambiente é realizado pelo Poder Mental. Sendo o Universo totalmente mental, é de se compreender que só possa ser governado pela Mentalidade. E nesta verdade encontra-se uma explicação para todos os fenômenos e manifestações dos vários poderes mentais que estão atraindo tanta atenção e estudo nestes primeiros anos do século XX. Por trás e por baixo dos ensinamentos dos vários cultos e escolas, permanece sempre constante o Princípio da Substância Mental do Universo. Se o Universo for Mental em sua natureza substancial, então, conclui-se que a Transmutação Mental muda as condições e fenômenos do Universo. Se o Universo é Mental, então a Mente é o maior poder que afeta seus fenômenos. Se isso for compreendido, então todos os chamados "milagres" e "maravilhas" serão vistos claramente como são.

"O TODO é MENTE; O Universo é Mental." — *O Caibalion*

FIM

SIGA NAS REDES SOCIAIS:

@EDITORAEXCELSIOR

@EDITORAEXCELSIOR

@EDEXCELSIOR

@EDITORAEXCELSIOR

EDITORAEXCELSIOR.COM.BR